팀플레이

진짜 팀워크를 위한
레고® 시리어스 플레이®
메소드

LEGO® SERIOUS PLAY® METHOD

팀플레이

"장난감을 넘어선 변화 학습의 도구"

온은주 지음

TEAM
PLAY

plan b
DESIGN

LEGO® Copyright Information

LEGO® and LEGO® SERIOUS PLAY® are trademarks of the LEGO Group.
© 2025 The LEGO Group.
LEGO®, the LEGO® logo, the Brick®, Knob® configuration, and the Minifigure® are trademarks of the LEGO Group, which does not sponsor, authorize or endorse this book.

LEGO® Serious Play® trademark guidelines:
https://www.lego.com/cdn/cs/set/assets/bltaa1b18977a46a9f0/LEGO_SERIOUS_PLAY_Trademark_Guidelines_version_2017.pdf

This book uses and builds on the LEGO® SERIOUS PLAY® Open Source Guide made available by the LEGO Group under a Creative Commons license ('Attribution Share Alike'). See https://www.creativecommons.org/licenses/by-sa/3.0/ for license details.

레고® 시리어스 플레이® 오픈 소스 가이드

이 책은 LEGO 그룹이 제공한 LEGO® SERIOUS PLAY® 오픈소스 가이드를 기반으로 작성되었으며, 해당 가이드는 크리에이티브 커먼즈 '저작자표시-동일조건변경허락' 라이선스(Attribution Share Alike)에 따라 사용되었다. 라이선스에 대한 자세한 내용은 다음에서 확인할 수 있다.

https://www.creativecommons.org/licenses/by-sa/3.0/

오픈소스 가이드 전문은 LEGO 그룹 공식 웹사이트를 통해 확인할 수 있으며, LEGO® SERIOUS PLAY®의 철학과 활용 원칙이 담겨있다.

https://www.lego.com/cdn/cs/set/assets/bltaa1b18977a46a9f0/LEGO_SERIOUS_PLAY_Trademark_Guidelines_version_2017.pdf

레고® 시리어스 플레이® 트레이드마크 가이드라인

LEGO® SERIOUS PLAY® 트레이드마크 사용과 관련된 공식 가이드라인도 아래 링크에서 확인할 수 있다.

https://www.lego.com/en-us/seriousplay/trademark-guidelines

추천사

"작은 브릭이 큰 통찰을 만든다!"
레고® 시리어스 플레이®는 작은 브릭에서 시작해 창의성을 폭발시키며, 전략과 실행을 잇는 언어가 됩니다. 실제로 적용해 본 워크숍에서도 구성원들은 즐겁게 몰입하며 창의적인 관점에서 자신의 업무 핵심 고객가치를 정의했습니다. 그렇게 도출된 아이디어는 실행 의지가 담긴 행동으로 이어져, 조직의 협업 방식과 대화를 새롭게 바꾸었습니다. 이 책은 이러한 변화를 현장에 바로 적용할 수 있도록 돕는, 퍼실리테이터와 조직을 위한 실천적인 안내서입니다.

LG전자 CTO조직문화팀 전선희

레고® 시리어스 플레이®는 복잡한 생각도 가볍고 즐겁게 풀어내는 매력적인 도구입니다. 누구나 금세 몰입할 수 있고, 어떤 주제의 워크숍에도 자연스럽게 녹아듭니다. 이 책은 소통을 통해 가치를 키워가는 모든 조직에 든든한 길잡이가 될 것입니다.

삼성E&A 인사지원센터 황태원

요즘 조직에서 가장 주목받는 리더의 모습은 한마디로 Leader as a Coach입니다. 코치로서 리더의 중요한 역할은 신뢰와 공감을 바탕으로 소통을 이끄는 것입니다. 그 결과 팀워크가 강화되고, 갈등이 해결되며, 개인의 역량이 성장합니다. 이를 위해 리더는 소통을 촉진하고, 협력을 강화하며, 성장을 지원하는 다양한 활동을 꾸준히 실천해야 합니다. 바로 이 지점에서 레고® 시리어스 플레이®는 탁월한 도구가 됩니다. 레고로 만든 모델을 중심에 두고 이야기를 나누면 모두가 자연스럽게 대화에 참여하고, 서로의 생각을 공감하며 깊이 연결될 수 있기 때문입니다.
이 책은 조직의 성과와 협업을 촉진하고자 하는 모든 분들께 이론과 방법을 나열하는 데 그치지 않습니다. 적극적인 참여를 이끌고, 감정을 공감하게 하며, 상호작용을 극대화해 즉각적인 해결을 경험하도록 하나의 매뉴얼입니다. 모두가 입을 닫은 마침표가 가득한 조직을, 애정 어린 물음표와 서로 공감의 느낌표가 오가는 조직으로 바꾸고 싶은 리더라면 분명 큰 도움이 되리라 믿습니다.

LG인화원 경영교육센터 심용덕

다른 배경을 가진 두 조직이 하나의 조직으로 일하게 된 시점에, 어떻게 하면 새로 온 구성원들의 마음을 존중하면서도 자연스럽게 포용할 수 있을지 고민이었습니다. 그 과정에서 레고® 시리어스 플레이®를 알게 되었고, 1초의 고민도 없이 온은주 대표에게 SOS를 보냈습니다. 레고® 시리어스 플레이®에 담긴 메타포를 통한 사고 확장과 구성주의, 구조주의 원리를 기반으로 구성원 개개인이 마음속에 품고 있던 생각을 숨김없이 공유할 수 있도록 이끌어 주었습니다. 누구나 친숙하고 별도의 적응 시간이 필요 없는 도구인 레고를 활용하다 보니 자칫 무거울 수 있는 분위기조차 시종일관 웃음소리로 가득 찼습니다.

이 책에는 퍼실리테이터로서 온은주 대표가 쌓아 온 오랜 현장 경험이 고스란히 담겨 있습니다. 단순히 레고® 시리어스 플레이® 기법을 나열하는 데 그치지 않고, 퍼실리테이터가 현장에서 마주할 수 있는 다양한 돌발 상황과 그에 대한 대처 방법을 사실감 있게 묘사하고 있습니다. 온은주 대표가 경험한 생생한 사례들은 퍼실리테이션의 실제 장면을 생동감 있게 재현하며, 많은 퍼실리테이터와 독자들에게 실질적으로 적용 가능한 통찰을 제공합니다. 연구자, 교육자, 조직개발 전문가뿐만 아니라 레고 시리어스 플레이를 통해 새로운 커뮤니케이션 방식을 모색하고자 하는 사람이라면 이 책을 강력히 추천합니다.

KT 인재실 **황지욱**

조직문화팀에서는 언제나 메시지를 어떻게 전달할지 깊이 고민합니다. 온은주 대표와의 워크숍 설계 첫 회의부터 흥미로웠고, 그 관점은 이 책에도 잘 담겨 있습니다. 레고로 표현하고 공유하는 과정은 단순해 보이지만, 구성원 개개인의 생각을 시각화하며 예상치 못한 인사이트를 끌어내는 힘이 있습니다. 그래서 레고® 시리어스 플레이®를 준비하는 순간은 언제나 기대감으로 가득합니다.

잡코리아의 인재상인 '링커가 바라는 링커의 모습'을 함께 만들어 가는 세션을 진행하며, 구성원들이 스스로 해석하고 서로의 이야기를 연결하는 특별한 장면을 경험했습니다. 그 경험은 큰 울림을 주었고, 앞으로도 레고를 조직문화 내재화의 중요한 도구로 진지하게 활용해야겠다는 확신을 남겼습니다.

잡코리아 조직문화팀 **신현정**

프롤로그

LEGO® SERIOUS PLAY® 퍼실리테이터로 활동하며 수많은 워크숍을 설계하고 운영해 왔다. 처음에는 '어떻게 하면 레고®를 더 재미있게 쓸 수 있을까' '참여자들이 지루해하지 않게 하려면 어떻게 해야 할까' '이 새로운 워크숍 방식을 어떻게 소개하면 좋을까' 같은 고민이 많았다.

그때의 나는 레고라는 도구 자체에 집중했고, 활동을 신선하고 흥미롭게 구성하는 데 힘을 쏟았다. 레고를 활용한 시각적인 효과를 활용하거나, 독특한 참여 방식을 시도하기도 했다. 그러나 시간이 지나며 질문이 달라졌다. '참여자의 생각을 어떻게 더 깊이 끌어낼 수 있을까' '팀마다 다른 흐름을 어떻게 읽을 수 있을까'. 이런 고민을 따라가다 보니 자연스럽게 레고® 시리어스 플레이®의 프로세스와 교육 철학, 그리고 퍼실리테이션 설계의 힘에 눈이 갔다.

처음에는 창의력을 자극하는 도구, 참여를 유도하는 활동 방식 정도로 여겼지만, 다양한 환경에서 워크숍을 진행하며 깨달았다. 레고라는 도구가 사람들의 생각을 머릿속에서 꺼내는 데 얼마나 강력한지, 지난 10년 동안 100개 이상의 기업과 워크숍을 진행하면서 임팩트 있는 그 장면을 수없이 목격했다.

워크숍을 잘 이끄는 일은 워크숍 전체를 잘 설계하는 일이라는 점을 현장에서 절실히 깨달았다. 단계적으로 질문을 어떻게 구성할지, 어떤 흐름으로 세션을 짤지, 무엇을 남기고 무엇을 덜어낼지 등 눈에 보이지 않는 수많은 결정들이 워크숍의 성패를 좌우했다.

팀워크는 단순히 '함께 일한다'는 의미만으로 완성되지 않는다. 각기 다른 생각과 방식, 속도를 가진 사람들이 한 방향으로 나아가려면, 서로를 이해하고 신뢰하는 과정이 필요하다. 그 과정이 바로 '팀플레이'다. 역할 분담이나 협업 툴을 넘어, 서로의 목소리를 듣고 존중하며, 의견이 부딪히는 순간에도 관계를 지켜내는 힘이다.

레고® 시리어스 플레이®는 이런 진짜 팀워크를 만드는 순간에 빛을 발한다. 손으로 만든 모델은 사람들의 생각과 감정을 드러내고, 그 위에 쌓이는 대화는 팀의 공통 언어가 된다. 그래서 이 책은 레고® 시리어스 플레이®에 관한 책이자, 퍼실리테이션의 전체 구조를 어떻게 설계하고 운영할 것인가에 관한 책이다.

이 책은 다음과 같은 사람들을 위한 책이다.

- 진짜 팀워크를 만들고 싶은 사람
- 레고® 시리어스 플레이® 워크숍을 처음 설계해 보는 사람
- 레고® 시리어스 플레이® 퍼실리테이터로서 더 깊이 있는 구조를 만들고 싶은 사람
- 레고라는 도구에만 의존하지 않고, 워크숍 흐름과 생각 구조에 집중하고 싶은 사람

정답을 제시하기보다는, 각자의 워크숍을 조율해 나갈 수 있도록 현장에서의 기준과 감각을 정리한 것이다. 내가 워크숍을 설계할 때 자주 돌아보는 질문들이 이 책 곳곳에 담겨 있다. 이 책이 진짜 팀워크를 고민하고 레고® 시리어스 플레이®를 제대로 활용해 보고자 하는 사람들에게 실질적인 안내서가 되길 바란다.

마지막으로 소셜프로그를 함께 이끌며 때로는 길을 밝혀주고, 때로는 교육과정을 단단히 채워준 김현희 이사와 문태준 부장께 깊이 감사의 마음을 전한다.

2025년 9월

온은주

레고® 시리어스 플레이®는 레고 브릭을
활용해 조직과 팀의 아이디어를 시각화하고
깊은 소통을 촉진하여 창의적 문제 해결과
아이디어 발상, 팀워크 향상을 이끄는
구조화된 방법론이다.

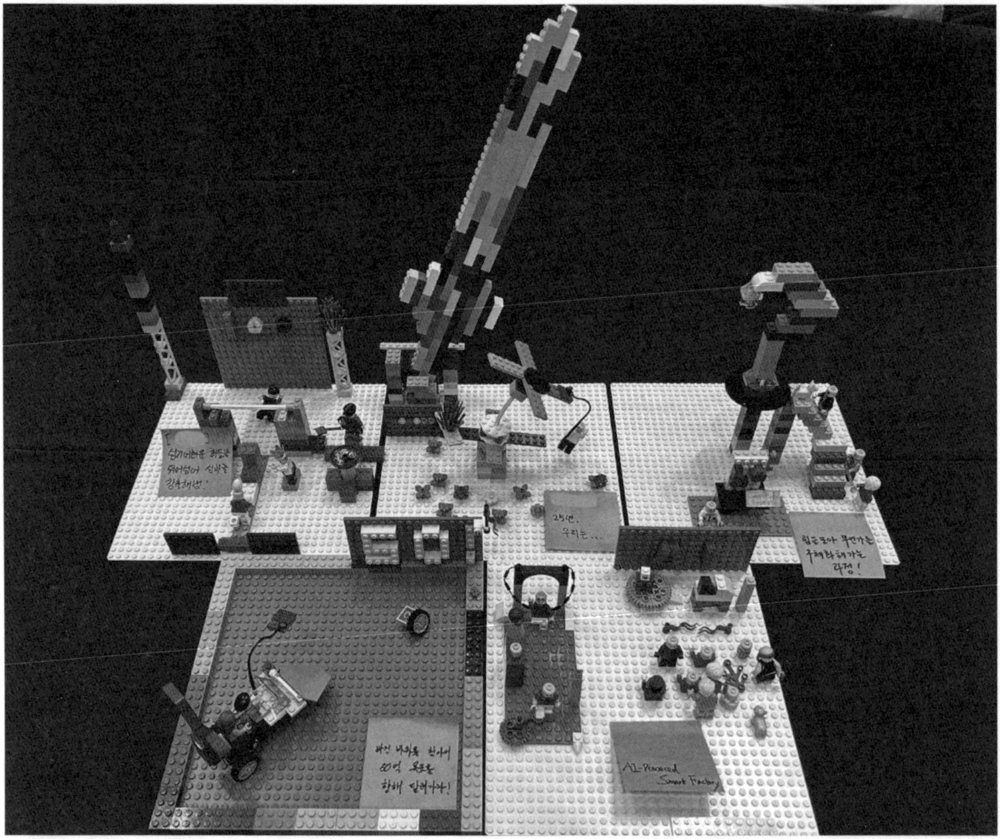
25년,
우리는...
AI-Powered
Smart Factory

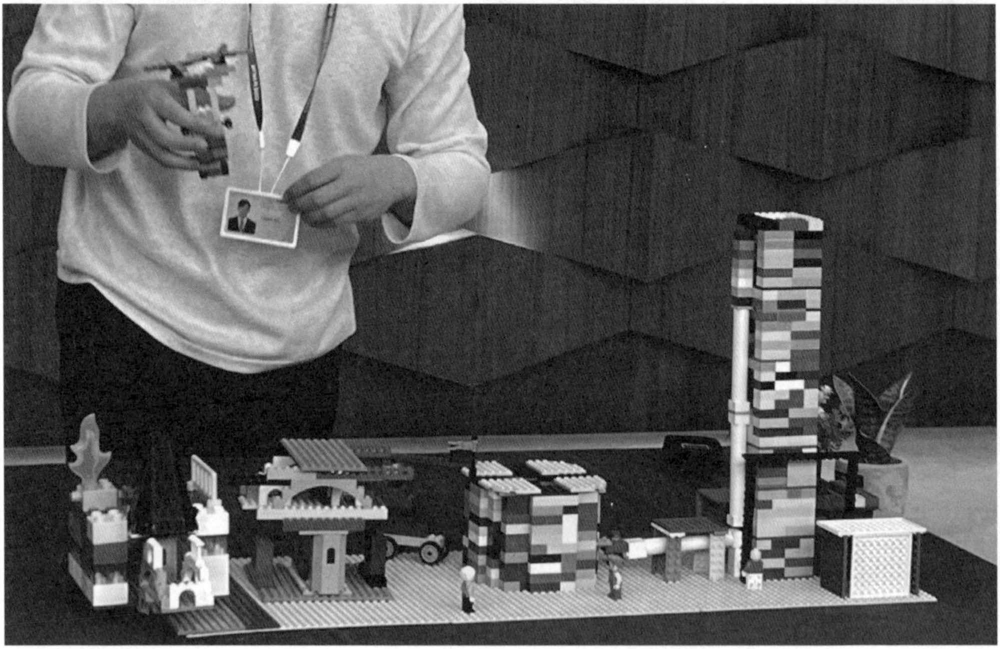

차례

프롤로그 ——— 8

1장 왜 레고® 시리어스 플레이®인가? Why

우리 팀의 진짜 문제는 어디에 있을까?: 레고®가 찾아낸 균열   19
CEO는 왜 보고서 대신 레고를 선택했을까?   23
손으로 만든 아이디어가 더 강력한 이유   30
레고® 시리어스 플레이®의 교육적 가치   36

2장 레고® 시리어스 플레이®란 무엇인가? What

단순한 도구가 아니다: 철학과 원칙이 있는 방법론   43
참여를 끌어내는 레고® 시리어스 플레이®: 4단계 핵심 프로세스   46
개인 모델과 공유 모델 이해하기   53
레고 모델의 역할   56
레고® 시리어스 플레이® 키트 준비하기   59

3장 워크숍은 어떻게 설계할까? — How

조직문화가 달라도 레고® 시리어스 플레이®는 통한다!	69
목적 없는 워크숍은 흔들린다: 방향부터 세우기	76
참여자 분석하기	84
효과적인 세션 구조를 설계하는 법	104
스킬스 빌딩	116
개인 모델 만들기	136
공유 모델 만들기	153
스킬스 빌딩부터 개인 모델, 공유 모델을 연결하는 워크숍 설계안	169

4장 실제 레고® 시리어스 플레이®는 어떻게 진행되는가? — Reality

워크숍 설계와 운영을 위한 퍼실리테이터 실전 가이드	181
전사 워크숍: 조직문화와 비전 공유	184
리더십 워크숍: 전략적 사고와 리더십 개발	188
팀빌딩 워크숍: 문제 해결과 협업 강화	194
온보딩 워크숍: 역할 인식과 핵심 가치 내재화	201
개인 코칭: 갈등 관리와 개인 역량 개발	206
승진자 워크숍: 역할 전환과 리더십	210

5장 예기치 못한 상황에서도 성공하는 워크숍 만들기 — Master

돌발변수에 유연하게 대처하기	217
퍼실리테이터를 당황시키는 참여자들, 어떻게 다룰까?	219
조용한 팀과 과잉 주도 팀 사이, 흐름을 어떻게 읽을까?	223
모델링 이후 워크시트로 의미 확장하기	228
퍼실리테이터의 성장을 만드는 1cm 디테일	230
일회성에서 일하는 방식으로, 레고® 시리어스 플레이® 문화 만들기	235
온라인 워크숍으로 확장하기	238
AI와 함께 교육설계, 질문설계까지 업그레이드하기	244

에필로그 —— 247

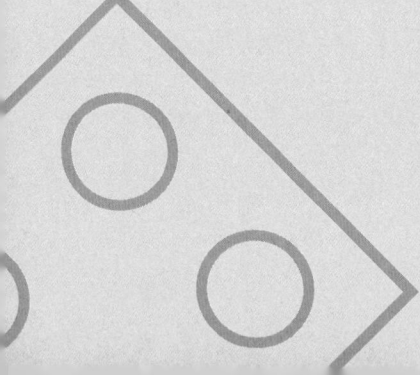

1장
Why
왜
레고® 시리어스 플레이®인가?

우리 팀의 진짜 문제는 어디에 있을까?
레고®가 찾아낸 균열

워크숍을 진행하다 보면 반전 드라마를 만날 때가 있다. 겉으로는 잘 굴러가던 팀. 하지만 레고 모델을 통해 드러난 건 불만, 갈등, 신뢰의 균열 같은 방 안의 코끼리였다. 우리 팀의 진짜 문제를 찾아내는 사례 이야기로 들어가 보자.

워크숍의 시작: 현재 프로젝트 상태 파악을 목표로
이번 주제는 협업이었다. 나는 퍼실리테이터로서 교육에 참여한 분들에게 현재 프로젝트가 어떤 상태에 있는지 레고 모델로 표현하도록 요청했다. 누군가는 일의 진행 과정을 평평한 도로로 표현했고, 누군가는 목표를 높이 쌓아 올린 탑으로 형상화했다. 하나둘 완성된 모델을 공유하는 동안 분위기는 차분했다. 프로젝트가 잘 진행되고 있다는 의미였다.
그러나 한 팀원이 만든 '끊어진 다리들이 서로 연결되지 못한 채 떠 있는 모델'이 모두의 시선을 사로잡았다. 다리는 시작과 끝이 엇갈려 있었고, 다리 위에는 지나가지 못하는 팀원들을 형상화한 미니 피겨가 놓여 있었다. 그 팀원은 설명을 시작했다. "이게 우리 프로젝트의 상태입니다. 목적지는 저 멀리 보이지만, 지금 우리는 각자 따로 다리를 짓고 있습니다. 서로 연결되지 않은 채 각자 맡은 부분만 완성하려고 하죠. 이렇게는 끝까지 갈 수 없습니다."

설명이 끝나자 회의실 안은 정적에 휩싸였다. 그리고 한 명씩 자신이 느끼고 있던 신뢰와 소통의 문제를 털어놓기 시작했다. "다른 팀원이 도와줄 거라는 확신이 없어요." "우리 모두 각자의 일만 하느라 협업할 기회를 놓쳤던 것 같아요." "프로젝트가 진행되면서 힘들다고 말할 수 있는 분위기가 아니었어요."

레고로 연결 만들기: 협업의 시작

팀원들의 이야기가 끝난 뒤 나는 질문을 던졌다. "이제 끊어진 다리들을 어떻게 연결할 수 있을까요?" 팀원들은 각자의 모델을 확장하기 위해 연결하는 작업을 시작했다. 그들은 각자의 다리를 이어붙이는 방식을 고민하며 현장에 적용할 아이디어를 내기 시작했다. 누군가는 다리 아래에 추가 기둥을 세우고, 누군가는 도로 위에 연결 지점을 만들어 다리들이 합쳐지도록 조립했다.

이 과정에서 자연스럽게 서로의 역할과 책임을 재정립하는 대화가 이어졌다. "앞으로는 여기서 멈추지 않고, 다른 팀원과의 작업과 어떻게 이을 수 있을지 먼저 확인할게요." "프로젝트 회의 때, 각자 역할을 조금 더 명확히 나눠보면 좋을 것 같아요"라며 구체적인 실행 방안을 주고받았다.

프로젝트 리더로서 깨달음: 문제의 본질과 마주하다

팀원들이 함께 만든 완성된 다리가 테이블 위에 놓였다. 끊어졌던 다리들은 하나의 큰 다리로 이어졌고, 미니 피겨들은 그 위를 자유롭게 움직일 수 있었다. 모든 구성원이 함께 만든 다리는 서로 연결된 프로젝트를 상징하고 있었다. 프로젝트 리더는 깊은 숨을 내쉬며 이렇게 말했다. "이제야 우리가 진짜 해결해야 할 문제가 무엇인지 보입니다. 기술적인 문제가 아니라, 우리가 서로 신뢰하지 못했던 것이 문제였군요. 이제부터는 신뢰의 다리를 잇는 데 집중해야겠어요." 워크숍 이후 팀은 프로젝트를 기술적으로 완수하는 데에만 집중하지 않았다. 신뢰의 다리를 잇는 정기적인 소통 시간을 마련하고, 서로의 역할을 명확히 공유하는 주간 회의를 추가했다. 더불어 서로의 진척 상황을 투명하게 공유하며 협업을 강화하는 업무 프로세스를 도입했다. 레고® 시리어스 플레이® 워크숍은 팀 내 숨겨진 갈등을 드러내고, 새로운 협업의 방식을 구축하는 의미 있는 전환점이 되었다.

레고가 주는 진짜 힘

팀원들이 끊어진 다리를 잇는 과정은 레고를 만드는 놀이가 아니었다. 팀의 신뢰와 협업을 회복하는 상징적 활동이었다. 레고를 통해 서로의 생각을 표현하는 순간, 팀은 비로소 각자가 맡은 역할이 전체 프로젝트에 어떻게 기여하는지 이해했고, 프로젝트 리더는 변화와 성장을 위한 첫 걸음을 확인할 수 있었다.

"작은 레고 브릭으로 만든 모델이 팀의 진짜 문제를 드러내고, 해결의 시작을 열어주다."

이것이 레고® 시리어스 플레이®를 통해 매번 확인하는 진실이다. 문제의 본질은 눈에 잘 보이지 않는다. 하지만 손으로 쌓은 작은 브릭들은 진짜 문제를 명확히 비추는 거울이 되어 준다.

CEO는 왜 보고서 대신 레고를 선택했을까?

다음 이야기는 레고® 시리어스 플레이®(이하 LSP)를 도입한 CEO의 후일담이다. 그는 변화의 필요성을 절감하며, 기존 회의와 보고서만으로는 새로운 해결책을 찾는 데 한계를 느끼고 있었다. 그러던 중 LSP를 통해 소통하는 방식을 경험하면서 새로운 접근법과 시각을 얻었다. CEO의 속마음으로 들어가 보자.

> 회의실에 등장한 레고
>
> 탁자 위에 놓인 레고 브릭[1]을 처음 봤을 때, 회의실에 모인 임원진들과 나는 잠시 멍해졌다. 보고서와 차트로는 문제 해결의 돌파구를 찾기 어려웠기에 새로운 방법을 찾다가 레고® 시리어스 플레이®를 하게 되었지만, 전략 회의 시간에 노트북이 있어야 할 자리에 레고들이 있었으니 당황할 만도 했다.

---

1 레고 브릭: 레고 기본 모양이 벽돌과 비슷하다고 해서 레고 브릭이라고 부른다. 줄여서 브릭이라고도 한다.

한 임원이 레고로 우리 조직의 문제를 해결하는 건지 의아한 표정으로 물어왔다. 나도 반신반의했기에 선뜻 긍정의 답을 전하기는 어려웠다. 그러나 기존 방식으로는 더 이상 답을 찾을 수 없다는 건 명확했고 새로운 시도가 필요했다. 나는 레고 하나를 들며 말했다. "이제 손을 움직여 봅시다. 우리가 일하는 상황을 떠올려 보세요. 회의 중인가요? 누구와 어떤 공간에 있나요? 이런 장면부터 레고를 활용해서 입체적으로 표현해 봅시다. 우리가 함께 일하는 현장에 답이 있어요." 이 낯선 도구가 우리에게 어떤 인사이트를 건넬지 궁금해지기 시작한 순간이었다.

호기심에서 시작된 레고 워크숍

우리 제품을 떠올리며 다양한 색깔의 레고 브릭을 이용해 책상 위에 제품 하나에 색깔 하나씩 나열해 보았다. 옆에 있던 임원이 그 브릭들로 탑을 쌓기 시작했고, 조금씩 윤곽을 드러낸 레고 조립물은 어느새 우리 제품 포트폴리오를 상징하는 탑이 되었다.

그런데 탑이 높게 올라갈수록 불안정해 보였고 한 임원이 말했다. "우리 제품 라인의 균형이 깨져 있네요. 주력 상품에만 의존하고 있지 않습니까?" 모두가 고개를 끄덕이며 고민하기 시작했다. 그러자 또 다른 임원이 탑 옆쪽에 노란색 레고 브릭을 붙이며 제안했다. "그렇다면 여기에 새로운 서비스를 추가해 봅시다. 기존 제품과 균형을 맞춰야겠어요." 우리는 레고들을 붙이고 쌓으며, 말로만 하던 문제점을 눈앞에 시각적인 형태로 보았다. 그리고 자연스럽게 다음 질문으로 이어졌다. "이 새로운 서비스는 고객의 기대에 맞출 수 있을까요?"

문제를 시각화하는 레고 조립 과정

한 팀은 고객이 처음 브랜드에 접촉하는 순간부터 구매 이후의 서비스까지의 흐름을 레고로 만들어 우리가 놓치고 있는 부분을 찾기 시작했다. 임원 중 한 명이 조립한 레고 구조물을 가리키며 말했다. "이건 우리 콜센터 구조입니다. 여기서 고객이 문제를 해결하지 못하면, 이탈할 수밖에 없습니다." 그는 레고 몇 개를 떼어내면서 덧붙였다. "이 허점을 보완하지 않으면 우리는 더 많은 고객을 잃게 될 겁니다."

또 다른 팀은 조직 내부의 팀워크와 의사결정 구조를 표현했다. 팀 간 소통을 상징하는 레고를 붙였지만, 레고들이 쉽게 떨어져 나갔고, 부서 간 의사소통에 문제를 겪고 있다는 의미로 느껴진다는 말을 주고받았다.

레고를 만들고 표현하면서 우리 조직의 추상적이었던 문제들이 구체화되었다. 조직 문제의 본질이 명확해지자 우리는 어떤 부분에 집중해야 하는지 자연스럽게 이해할 수 있었다.

레고가 이끄는 창의적 사고와 협업

회의실에 흐르던 긴장감은 어느새 사라지고 몰입한 참여자들 사이에 웃음과 대화가 오갔다. 위계와 권위가 사라지니, 말을 아끼던 임원들까지 적극적으로 움직였고 각자의 생각을 레고에 투영하면서 능동적으로 대화에 참여했다.

"회의 절차를 간소화하는 게 어떨까요?" 한 임원이 커다란 구조물에서 몇 개의 레고를 제거하며 말했다. "필요 없는 절차를 줄이면 훨씬 효율적일 겁니다." 또 다른 임원은 추가로 레고를 덧붙이면서 새로운 협업 방식을 제안했다. "이쪽에 팀 간 연결을 하나 더 넣으면 의사결정 속도가 빨라질 것 같습니다."

이 과정에서 각자의 아이디어가 '레고 작품' 안에서 유기적으로 연결되었다. 협업을 통해 더 나은 전략이 만들어지는 순간이었다.

레고 팀플레이가 끌어낸 전략적 결론

레고를 활용한 워크숍이 마무리될 즈음, 우리는 테이블 위에 완성된 여러 레고 조립물을 둘러보았다. 각 레고 조립물은 문제를 시각적으로 보여주는 동시에 우리가 구체화한 '진짜 해결책'을 담고 있었다. 이 경험은 단순히 이론적인 논의로는 얻기 힘든 통찰을 선사했다.

레고를 조립하며 우리 조직은 무엇에 집중해야 할지, 무엇을 버려야 할지 명확하게 깨달았다. 플레이 결과로 나온 통찰은 CEO만의 결단이 아니라, 우리 모두의 결정이었다. 앞으로 임원진과 내가 더 나은 결정을 내리는 데 큰 역할을 할 것이란 확신이 들었다.

그는 LSP 워크숍에서 도출된 다양한 생각과 아이디어들을 실무에서 현실 전략으로 써먹을 수 있겠다는 자신감을 얻었다고 말했다. (아래는 실제 경험에 기반해 장면과 대화를 재구성한 것이다.)

"당장 실행해보고 싶은 아이디어가 너무 많네요. 이건 단순한 워크숍이 아니라 실질적인 변화를 가져오는 과정인 듯해요. 사실 지칠 대로 지쳐 있었는데, 이 시간을 통해 다시 에너지를 얻었습니다. 손을 움직여 만드니 머리가 정리되고, 마음도 훨씬 가벼워졌어요. 덕분에 리더로서의 자신감도 되찾았습니다."

이처럼 LSP는 단순히 문제를 해결하거나 아이디어를 도출하는 도구가 아니다. 협업과 대화를 통한 사람과 조직을 변화시키는 특별한 여정이다.

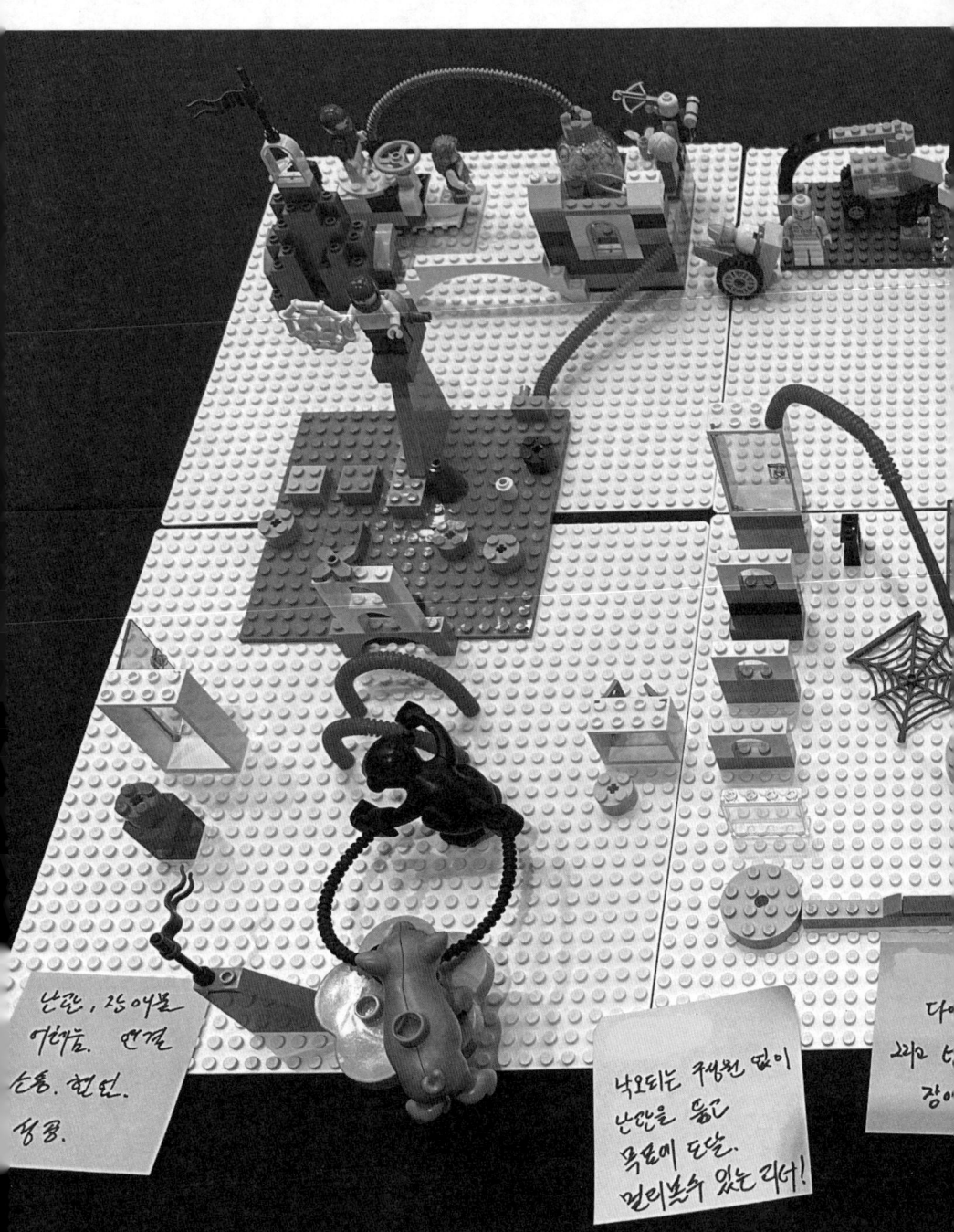

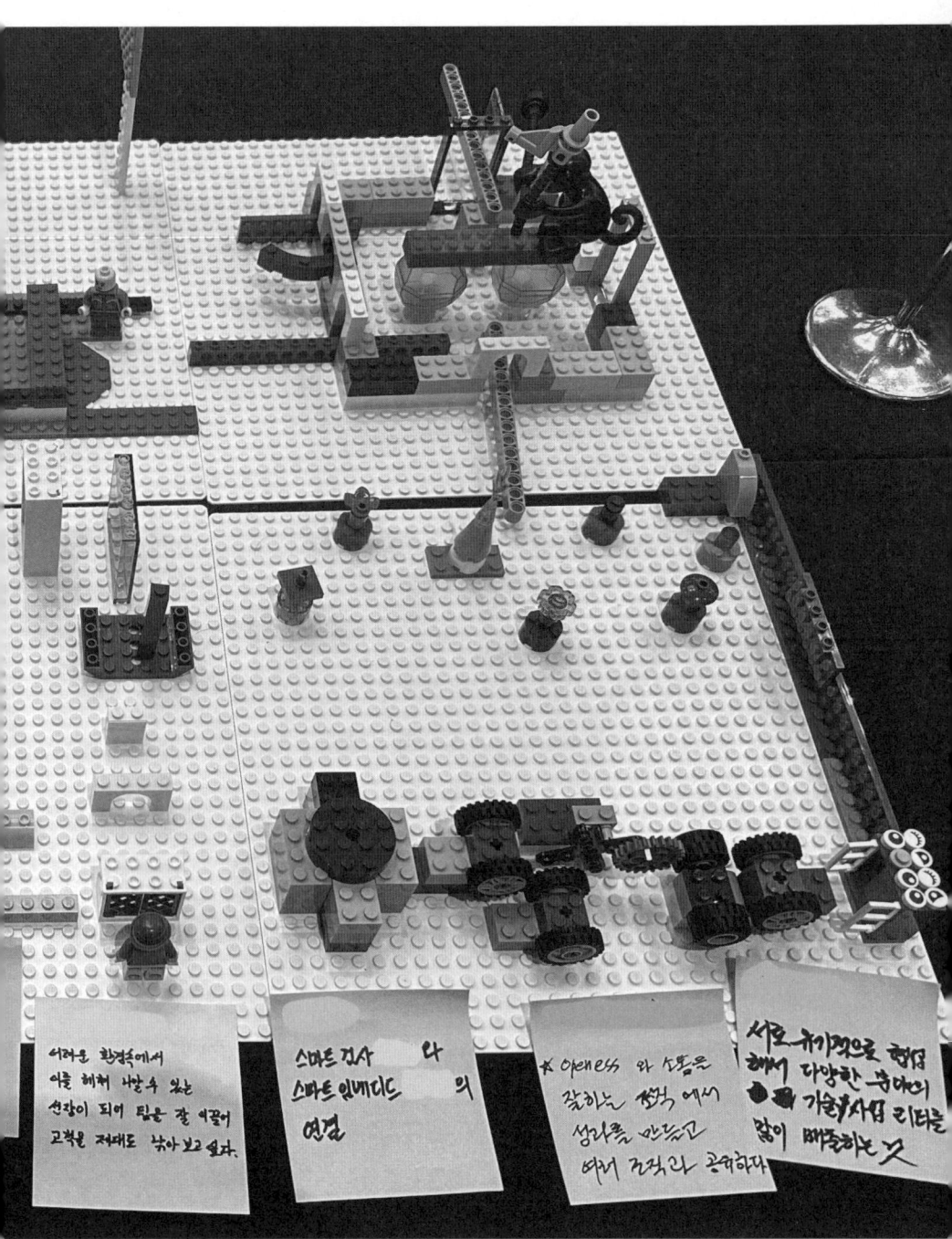

손으로 만든 아이디어가
더 강력한 이유

손과 뇌: 사고를 깨우는 연결고리

손을 사용하는 경험은 사고와 학습에 중요한 역할을 한다. 손의 지식(hand knowledge)은 우리의 두뇌가 손을 통해 받은 정보를 더욱 신뢰한다는 개념이다. 뇌는 어두운 환경에 놓여 있고, 어두운 환경에서 손이 느끼는 감각이 뇌에 중요한 정보로 전달되는 것이다.

레고를 조립하며 손을 사용하는 과정은 뇌와 직결된 사고 활동을 촉진한다. 그래서 LSP는 손을 통해 생각하는 능력을 발전시켜 복잡한 아이디어를 정리하고 기억하는 데 도움을 준다. 손을 사용해 무언가를 만들 때 뇌가 더 잘 이해하고 기억하는 것이다.

왜 손을 움직일 때 머릿속 생각이 명료해질까?

손으로 무언가를 조립하거나 그리는 과정은 머릿속에서 복잡하게 얽힌 생각들을 풀어내는 데 탁월한 효과가 있다. 이 과정은 직관적으로 시각화하며, 말이나 글로만 표현할 때 놓치기 쉬운 부분을 명확하게 드러낸다. 또한 손의 움직임은 뇌를 현재의 작업에 몰입하게 만들어 더 나은 아이디어와 해결책이 자연스럽게 떠오르도록 돕는다.

결국 손으로 무언가를 만드는 것은 더 나은 사고와 창의성의 출발점이다. 우리가 손을 움직이며 생각할 때, 머릿속에 머물던 추상적 아이디어들이 물리적인 형태로 구체화되고, 문제의 본질을 더 쉽게 파악할 수 있다. 이는 단순한 이론이 아니라 수많은 연구와 실제 경험이 증명하는 진실이다.

손의 움직임은 뇌의 깊은 사고를 유도하며, 더 나은 아이디어를 이끌어낸다. LSP와 같은 도구가 기업과 조직에서 강력한 혁신 도구로 자리 잡는 이유도 여기에 있다. 손과 뇌가 함께 움직일 때, 우리는 더 깊이 사고하고, 더 명확하게 소통하며, 더 창의적인 해결책을 발견할 수 있다. "생각은 머리에서 시작되지만, 손으로 만들어질 때 더 강력해진다."

왜 레고 브릭을 사용하는가?

레고 브릭은 도구 이상의 의미를 지닌다. 친숙함과 쉬운 접근성, 놀이에서 오는 즐거움, 무한한 조합과 우연한 발견, 그리고 스토리와 은유를 가능하게 하는 힘까지. 이 모든 요소가 결합되어 참여자들이 레고 브릭을 통해 생각을 확장하고, 문제의 본질을 발견하며, 협업의 새로운 가능성을 모색하게 만든다. 레고 브릭은 말 그대로 창의성과 문제 해결의 열쇠가 되는 도구이다.

친숙함
레고의 친숙함은 워크숍 참여에 대한 진입장벽을 낮춰준다. "내가 이런 걸 할 수 있을까?"라는 의문이 들기도 전에, 손은 이미 레고 브릭을 만지고 있다.

재미
손으로 레고 브릭을 조립하면 자연스럽게 몰입하게 되고, 이는 놀이를 통해 사고가 활성화되는 심리적 효과를 가져온다. 특히 성인들에게는 놀이의 즐거움이 신선한 자극이 된다. 평소 업무나 회의에서 경험하지 못하는 자유로운 사고를 통해 새로운 아이디어를 발견할 가능성이 높아진다.

다양성

수많은 모양과 색깔을 가진 브릭은 무한한 조합이 가능하다. 워크숍 참여자들은 모델을 만들 때, 예상치 못한 브릭의 모양으로 새로운 아이디어를 떠올리는 경우가 많다. "처음 생각했던 것과는 다르지만, 이걸 보니 이런 아이디어가 떠오르네요"라는 반응은 흔히 듣는 말이다. 레고 브릭은 정답을 강요하지 않기에 참여자들은 자유롭게 상상하고 탐색할 수 있다.

은유와 스토리텔링

브릭으로 만든 모델에는 참여자들의 생각과 감정이 스며들어 있다. 예를 들어, 한 참여자가 만든 높은 탑은 목표나 야망을 상징할 수 있다. 또한 참여자들은 모델에 자신만의 스토리를 부여하면서 더 깊은 통찰에 도달한다. 레고를 통한 은유적 표현은 말로 하기 어려운 생각이나 감정을 끌어내는 데 효과적이다.

은유의 예시로 동물 만들기를 사용할 수 있다. 장점은 감정과 성향을 자연스럽고 안전하게 표현할 수 있다는 점이다. 예를 들어, 내성적인 참여자가 '파란 고래'를 만들고 머리 위로 분수를 더하면서, 자신의 감정을 드러낼 수 있다. 혹은 외향적이지만 예민한 참여자의 경우는 '핑크 돼지'를 만들고 쫑긋한 귀와 말린 꼬리를 통해 자신의 유쾌함과 예민함을 함께 표현하기도 한다.

동물은 우리에게 친숙한 존재로 부담 없이 스스로를 투영할 수 있으며 듣는 사람은 그 이야기에 쉽게 공감할 수 있다. 이처럼 동물 은유는 참여자의 무의식을 다루는 데 탁월한 도구로, 워크숍에 몰입을 불어넣어 준다.

개인의 스타일

단순한 구조물을 선호하는 사람은 몇 개의 브릭만으로 간단한 모델을 만들 수 있고, 복잡한 세부 사항을 중요시하는 사람은 여러 브릭을 조합해 정교한 작품을 완성할 수도 있다. 이 과정은 참여자들이 각자의 사고방식과 문제 해결 스타일을 반영하게 하며, 팀워크와 개별적인 차이를 동시에 존중하는 환경을 만들어준다.

파란 고래(왼쪽): 머리 위로 분수를 더해 내향적이지만 다양한 생각이 많음을 표현
핑크 돼지(오른쪽): 쫑긋한 귀와 말린 꼬리, 핑크색으로 자신의 유쾌함과 정교함을 표현

은유와 스토리텔링 예시: 참여자의 성격과 일하는 방식을 동물로 은유하면, 복잡한 설명 없이도
그 사람의 강점과 협업 스타일이 선명하게 드러난다.

레고® 시리어스 플레이®의 교육적 가치

기업교육의 패러다임이 바뀌고 있다. 정보 전달 중심 교육이 참여자들의 흥미를 끌고 몰입을 유도하는 데 한계점이 드러나면서 참여와 체험을 통해 스스로 배우는 '참여형' '실습형' 교육이 주목받고 있다. 개인의 특성과 니즈를 반영한 '개인맞춤형' 교육이 강조되는 추세이다.

이 흐름에서 손으로 직접 만들고 자신의 이야기를 꺼내 표현하는 LSP는 구성원들의 몰입과 자발적 참여를 끌어내며 기업교육의 새로운 대안으로 떠오르고 있다. 이 외 LSP가 지닌 주요 교육적 가치를 정리해 보았다.

입체적 사고를 돕는다

AI 시대에는 단순 지식이나 기술을 넘어 다양한 관점에서 상황을 입체적으로 해석하는 능력이 중요하다. 육각형 인재처럼 여러 분야를 연결하고 융합하여 새로운 의미를 만들어내는 입체적 사고방식이 인간 고유의 경쟁력이자 차별점으로 강조된다. 레고를 쌓아 구조를 만들게 되면 머릿속의 복잡한 생각이 한눈에 드러난다. 예를 들어, 신입사원은 업무 흐름을 레고로 만들어 한눈에 이해할 수 있고, 팀장은 프로젝트 전체 계획을 레고로 표현해 팀원들이 각 단계와 역할을 쉽게 이해하는 데 도움을 준다.

몰입을 통한 생각하기를 돕는다

직장인은 업무에 쫓겨 생각할 시간을 갖기 어렵다. 더욱이 숏폼 소비가 늘면서 몰입하는 법을 잊어버리고 있다. 이런 환경에서 레고는 몰입을 자연스럽게 이끄는 도구가 된다. 손을 움직여 레고를 만지면서 문제를 다루다 보면, 집중하게 되고 사고의 질이 달라진다. 레고를 통한 몰입은 직장인이 잊었던 깊은 사고의 경험을 다시 회복시키는 열쇠가 되어 준다.

놀이를 통한 창의적 사고를 돕는다

놀이가 주는 긴장감 해소는 사고를 유연하게 만들고 창의력을 높여 준다. 레고를 사용할 때 사람들은 재미와 호기심이 생겨 더 자유롭게 생각할 수 있다. 고정관념에서 벗어나 새로운 관점과 아이디어를 떠올리는 데 유용하다. 특히 창의력이 필요한 상황에서 LSP는 효과적인 도구로 작용한다. 신입사원은 회사 생활을 레고로 표현하며 동료들과 즐겁게 친해질 수 있고 교육 담당자는 직원들이 레고를 사용해 새로운 제품 아이디어를 놀이하듯 탐색하게 함으로써 기존의 틀에서 벗어난 신선한 접근을 유도할 수 있다.

몸을 앞으로 당겨서 책상을 향해 깊숙이 있는 모습은 집중할 때 나타나는 모습이다. 반대로 몸을 의자로 젖혀서 앉으면 교육 내용에 관심이 없다는 시그널이 될 것이다. 레고® 시리어스 플레이® 수업에서는 실제 많은 교육생들이 몸을 당겨 앉아서 집중하는 모습을 보인다.

은유를 통한 생각의 확장을 돕는다

고정관념을 깨기 위해서는 새로운 사고 방식이 필요하다. 레고 브릭은 다양한 형태와 모양을 은유적으로 표현하게 함으로써 생각의 경계를 허물고 확장하도록 돕는다. LSP의 핵심 요소인 은유(metaphor)는 추상적인 개념을 구체화하는 열쇠가 된다. 추상적인 기업 비전을 글로 전달하기는 어렵지만, 레고를 활용하면 상징과 비유를 통해 쉽게 표현할 수 있다. 이런 과정은 참여자가 머릿속에만 머물던 추상적인 생각을 손으로 구체화하며 명료하게 정리하는 데 효과적이다.

진짜 이야기를 꺼내도록 돕는다

누구나 자신의 생각을 명료하게 표현하고 싶어 하지만, 시작점을 찾기 어려워한다. 이때 레고 브릭은 말 대신 손끝에서 이야기를 끌어내 준다. 브릭을 쌓으며 감정을 구체적인 형태로 표현하고, 마음속 생각들을 시각적으로 만들 수 있다. 손으로 모델을 만들다 보면, 스스로도 미처 몰랐던 솔직한 이야기가 자연스레 모습을 드러낸다. 레고는 내면 깊숙이 숨겨진 이야기를 발견하고 다른 사람과 공유하는 가장 진실된 언어가 되어 준다.

2장
What
레고® 시리어스 플레이®란 무엇인가?

단순한 도구가 아니다
철학과 원칙이 있는 방법론

레고® 시리어스 플레이®란

레고® 시리어스 플레이®는 레고 브릭을 활용해 조직과 팀의 아이디어를 시각화하고 깊은 소통을 촉진하여 창의적 문제 해결과 아이디어 발상, 팀워크 향상을 이끄는 구조화된 방법론이다. 단순한 조립 놀이가 아닌, 사고의 혁신을 끌어내는 전략적 접근인 것이다.

모든 방법론에는 출발점과 여정이 있다. 이 역사를 이해하는 일은 퍼실리테이터로서의 철학과 깊은 이해를 세우는 과정이다. LSP가 탄생하게 된 이유와 그 발전 과정 속에서 형성된 원칙들을 알게 되면, 이 방법론의 본질을 제대로 파악하고 현장에서 효과적으로 활용할 수 있게 될 것이다.

레고® 시리어스 플레이®의 탄생

1990년대 중반, 레고 그룹은 브릭을 통해 사람들의 창의력과 사고력을 증진시킬 수 있는 가능성에 주목했다. 이 가능성은 국제경영개발원(IMD)의 요한 로에스(Johan Roos), 바트 빅터(Bart Victor) 교수와의 협력으로 이어졌다. 두 교수는 브릭을 활용하여 복잡한 비즈니스 문제를 해결하는 방법을 탐구했고, 두 가지 결과가 도출되었다.

첫째, '손으로 생각하기의 중요성'이다. 브릭을 손으로 만지면서 생각을 형상화하면, 아이디어는 더 구체적이고 창의적인 형태로 발전한다. 사다리와 다리 같은 은유적 형태로 생각을 표현하면, 추상적 개념도 선명하게 드러난다.

두 번째 '놀이의 몰입 효과'이다. 놀이를 통해 참여자들이 긴장을 풀고 자유롭게 아이디어를 나누며, 자연스럽게 혁신적인 해결책을 발굴할 수 있게 되었다. 이러한 원칙들을 바탕으로 2000년대 초 LSP가 정식 방법론으로 자리 잡았다.

'레고+시리어스+플레이'라는 세 단어의 결합으로 만들어진 방법론의 이름은 모순된 듯하지만, 이 모순 속에 진정한 힘이 있다. 덴마크어 "Leg Godt"(잘 놀다)에서 유래한 '레고(LEGO)'는 브릭을 통해 창의적으로 생각을 표현하는 과정을 의미한다. '시리어스(Serious)'는 브릭을 다루며 참여자들이 보여주는 집중력과 몰입의 깊이를 나타낸다. '플레이(Play)'는 이러한 과정에서 긴장을 풀고 자유롭게 아이디어를 발전시키는 놀이의 힘을 강조한다. 이름에서부터 드러나는 이러한 균형은 LSP의 핵심 철학을 담고 있다. 참여자는 긴장을 풀면서도 집중하고, 즐겁게 놀면서도 심도 있는 창의적 해결책을 찾게 된다.

 2010년, 레고 그룹은 LSP를 오픈소스로 전환하여 누구나 접근하고 활용할 수 있게 했다. 이 결정으로 LSP는 전 세계적으로 급속히 확산되었고, 다양한 조직에서 창의적 협력을 위한 플랫폼으로 자리매김했다. 오픈소스화 이후 접근성이 확대되며 기업, 학교, 비영리 단체가 이 방법론을 적극 도입했고, 사례는 풍부해졌다.

 모두가 사용할 수 있게 된 만큼, 퍼실리테이터의 철학과 전문성이 더욱 중요해졌다. LSP가 본연의 힘을 발휘하기 위해서는 퍼실리테이터의 깊은 이해와 일관된 철학이 필수적이기 때문이다.

 LEGO® SERIOUS PLAY® 오픈 소스 가이드에 따르면, 레고® 시리어스 플레이® 방법론은 아이디어, 추론 및 이해를 공유하고, 풍부한 대화와 토론에 참여하고, 실제 문제에 대한 의미 있는 해결책을 함께 도출할 수 있도록 돕는 정교한 도구이다.

참여를 끌어내는 레고® 시리어스 플레이®
4단계 핵심 프로세스[1]

LSP는 4단계로 이루어진 핵심 프로세스를 순서대로 실행할 때 그 효과가 확실히 발휘된다. 이를 위해 퍼실리테이터는 핵심 프로세스를 정확히 숙지하고 실행할 수 있어야 참여자들이 몰입하여 깊이 있는 사고를 하고, 의미 있는 결론에 도달할 수 있다. 가장 중요한 점은 순서를 바꾸지 않고 따라야 한다는 점이다.

---

[1] 이 프로세스는 LEGO 그룹에서 개발하고 공개한 내용을 기반으로 한다. LEGO 그룹은 이 방법론을 '크리에이티브 커먼즈 라이선스(저작자표시-동일조건 변경허락)'라는 조건 아래 누구나 자유롭게 사용할 수 있도록 오픈소스로 제공하고 있다.
여기서 '동일조건 변경허락'이란, 이 프로세스를 각자의 현장에 맞게 수정하거나 재구성해서 사용할 수는 있지만, 그렇게 변경한 내용을 다시 공유할 때는 반드시 원래와 같은 라이선스 조건(=동일조건)을 유지해야 한다는 뜻이다. 즉 나도 자유롭게 쓸 수 있는 만큼, 나의 버전도 다른 사람도 자유롭게 쓸 수 있도록 공개해야 한다는 개념이다.
이 라이선스를 통해 퍼실리테이터는 이 방법을 교육 현장, 조직 개발, 워크숍 등 다양한 맥락에서 활용할 수 있으며, 자신의 활동에 맞게 유연하게 응용할 수도 있다. 다만 이 방식이 LEGO 그룹의 공식 승인을 받았거나 보증된 것처럼 오해될 표현은 반드시 피해야 한다.
'크리에이티브 커먼즈 저작자표시-동일조건변경허락(CC BY-SA 3.0)' 라이선스에 대한 더 자세한 내용은 아래 링크를 통해 확인할 수 있다.
https://creativecommons.org/licenses/by-sa/3.0/

1단계 | **주제 제시**: 퍼실리테이터는 교육 주제를 보통 질문으로 제시한다.

2단계 | **레고 만들기**: 참여자들은 자신의 답변이나 아이디어를 레고로 형상화한다.

3단계 | **공유와 설명**: 참여자들은 각자 만든 레고를 다른 사람에게 설명하며 서로의 관점을 공유한다.

4단계 | **생각하기**: 참여자들은 개인 또는 조직에 적용할 관점과 플랜을 토론한다.

1단계 주제 제시

퍼실리테이터는 참여자들이 생각을 시작할 수 있도록 간결하고 명확한 질문을 던져야 한다. 이 질문으로 참여자들이 교육 목적과 주제를 시각화할 수 있도록 유도한다.

해야 할 것
- 명확하고 간결한 질문을 준비하라
- 참여자들의 관심과 호기심을 자극하는 질문을 던져라
- 워크숍 목표와 부합하는 질문을 제시하라

하지 말아야 할 것
- 모호하거나 복잡한 질문을 피하라
- 편향된 답변을 유도하거나 참여자들을 압박하지 마라

퍼실리테이터 실전 가이드
- 질문을 이해하기 쉽도록 질문의 맥락이나 배경을 간단히 설명하라
- 반응을 관찰하고 필요하면 질문을 재구성하거나 추가 설명을 제공하라

예시 질문

- 우리 팀의 가장 큰 강점은 무엇일까요?
- 현재 프로젝트의 주요 도전 과제는 무엇인가요?
- 우리가 달성하고자 하는 비전은 어떤 모습일까요?

2단계 레고 만들기

참여자들은 레고 브릭을 사용해 자신의 생각과 아이디어를 형상화한다. 이 과정에서 손과 뇌가 동시에 작동하며, 은유와 상징을 통해 언어로 표현하기 어려운 생각과 감정을 시각적으로 표현할 수 있다.

해야 할 것

- 브릭을 통해 의미를 자유롭게 표현하라
- 색상, 높이, 형태를 활용해 아이디어를 구체화하라
- 은유를 활용해 창의적 표현을 시도하라

하지 말아야 할 것

- 완벽한 모델을 만들려 애쓰지 마라
- 다른 참여자의 모델을 의식하지 마라

퍼실리테이터 실전 가이드
- 마감 시간을 알려주고 스스로 마감하도록 유도하라
- 막힘을 겪는 참여자들에게 격려와 도움을 제공하라
- 다양한 브릭을 준비해 창의성을 지원하라

3단계 공유와 설명

참여자들은 자신의 레고 모델을 설명하면서 생각을 명확히 정리하고 그룹 내 다른 관점을 이해한다. 레고 브릭이 단순한 조립 도구를 넘어 의사소통 매개체로 작용하는 순간이다.

해야 할 것
- 레고 모델의 각 부분이 무엇을 의미하는지 설명하라
- 다른 참여자의 발표를 경청하고 존중하라
- 발표가 끝난 후 서로 질문하라

하지 말아야 할 것
- 발표를 방해하거나 타인의 아이디어를 비판하지 마라
- 자신의 아이디어를 과도하게 겸손하게 표현하거나, 반대로 과장하지 마라

퍼실리테이터 실전 가이드
- 발표 순서를 정하여 원활한 진행을 유도하라
- 참여자들이 편안하게 이야기할 수 있는 분위기를 조성하라

4단계 생각하기

공유된 아이디어를 바탕으로 깊이 있고 새로운 통찰을 도출한다. 또한 결과를 바탕으로 실질적인 계획을 세운다.

해야 할 것
- 서로의 의견을 존중하고 건설적으로 피드백을 제공하라
- 실질적인 해결책이나 다음 단계를 계획하라

하지 말아야 할 것
- 논쟁을 피하고 소수의 의견을 배제하지 마라
- 토론 주제에서 벗어나지 않도록 주의하라

퍼실리테이터 실전 가이드
- 모두가 참여하도록 유도하고, 대화의 흐름을 관리하라
- 중요 포인트를 화이트보드나 플립차트에 시각화하라

LSP는 네 번 생각하며 단단해지는 사고 과정

LSP는 사고의 단계를 점차적으로 심화시키는 방법론이다. 핵심 프로세스를 통해 참여자들은 점점 더 깊이 있는 사고를 하고, 협업 속에서 창의적인 해결책을 찾아간다. 퍼실리테이터는 이 과정을 이끄는 중심 역할로, 각 단계에서 참여자들이 몰입하도록 지원해야 한다. 'LSP는 네 번 생각하며 사고를 단단하게 만드는 방법론'이라는 점을 명심하자.

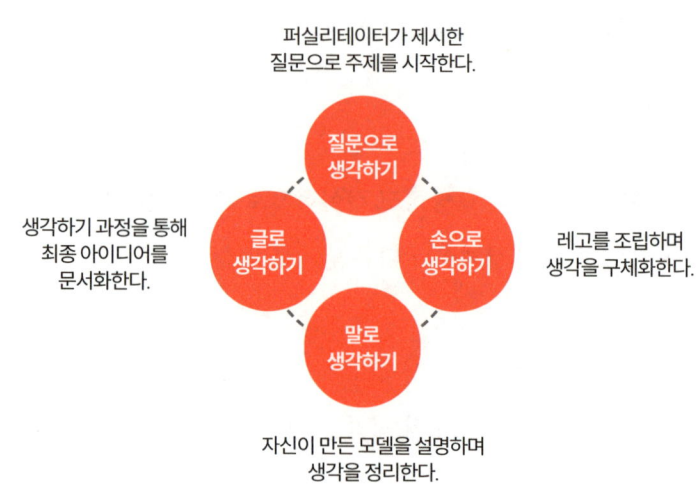

개인 모델과 공유 모델 이해하기

LSP에서 레고로 만든 결과물을 '모델'[1]이라고 부르는 이유는 자신의 생각을 레고라는 도구를 활용해 표현하기 때문이다. 이 모델에는 '개인 모델'과 '공유 모델'이라는 두 가지 핵심 용어가 있다.

개인 모델

참여자 개인의 고유한 생각이나 의견을 레고 브릭을 활용해 만든 결과물이다. 개인 모델은 타인의 의견에 방해받지 않고, 자신의 생각을 정확하고 솔직하게 표현할 수 있게 도와준다. 예를 들어, "나의 강점은 무엇인가?"라는 질문에 자신만의 생각을 레고 브릭으로 자유롭게 표현한다. '우리 조직의 강점은 무엇인가'와 같은 조직 관련 질문에도 개인의 생각을 표현한다면 개인 모델로 분류된다.

---

1 모델: 작품을 만들기 전에 미리 만든 물건 또는 완선된 작품의 대표적인 보기

공유 모델

참여자들이 각자의 개인 모델을 바탕으로 함께 의견을 모아서 만든 공동의 모델이다. 공유 모델은 팀 전체의 생각이 하나로 연결되고 정리되게 도와주며, 팀워크를 높이는 효과가 있다. 예를 들어, 팀워크 향상이 주제라면 먼저 참여자들은 개인 모델로 자신의 아이디어를 표현한다. 이후 모두 모여서 개인 모델 중 최적의 아이디어를 선택해 공동 목표를 보여주는 공유 모델을 만들게 된다.

두 모델의 관계와 워크숍 흐름

개인 모델은 다양성을 나타내는 출발점이고, 공유 모델은 공통의 합의를 나타내는 도착점이다. 두 모델을 통해 LSP는 창의적 문제 해결과 팀워크 강화를 효과적으로 지원한다. 개인 모델은 팀 내 다양한 관점과 아이디어를 드러내고, 공유 모델은 개인의 다양성을 통합해 공통의 목표를 구체화한다. 개인 모델을 공유하며 서로의 관점을 이해하고 공감하는 과정은 공유 모델이 팀의 협력을 반영한 결과물로 완성된다.

개인 모델과 공유 모델의 비교

구분	개인 모델 (Individual Model)	공유 모델 (Shared Model)
정의	개별 참여자가 자신의 생각, 감정, 아이디어를 레고로 시각화한 결과물	개인의 아이디어를 통합해 팀이나 조직의 공통 목표와 비전을 구체화하는 협업의 결과물
특징	개인 모델에서 시작해 공유 모델로 발전, 개인의 다양성을 팀의 통합성으로 조화	개인 모델을 통해 드러난 다양한 관점을 통합하여 공통의 목표와 비전 수립
활용	자기 이해, 팀 활동 준비, 개별적 해결책 탐색	협업과 소통, 비전 정립, 팀의 공동 목표 표현
예시	'당신의 리더십 스타일을 표현하세요'라는 질문에 각자의 리더십 스타일을 모델링 • 한 참여자는 탑 구조를 만들어 "높은 곳에서 팀 전체를 조망하는 리더십"을 표현 • 다른 참여자는 여러 브릭을 연결한 네트워크로 "소통과 협력을 중시하는 리더십"을 표현	'우리 팀의 미래 비전을 모델로 표현해 보세요'라는 질문에 각자의 아이디어 통합 • 한 참여자는 성장의 가능성을 나무로 표현, 다른 참여자는 협력을 상징하는 다리를 추가 • 최종적으로 나무와 다리가 통합된 모델이 완성되어, 팀이 지속적으로 성장하며 협력을 통해 문제를 해결하는 비전을 시각화

레고 모델의 역할

생각을 표현한 결과물

LSP 워크숍에서 '모델'은 추상적인 생각, 감정, 또는 아이디어를 구체적으로 시각화한 결과물이다. 예를 들어, 팀워크의 강점을 표현하는 모델은 그 팀의 소통 방식, 조직 문화, 목표를 상징적으로 보여준다.

의미를 담은 상징적 구조물

모델은 단순히 레고 브릭을 조립한 구조물이 아니라, 각 브릭과 요소에 특정한 의미와 상징이 담겨 있다. 높이는 목표의 크기를, 색상은 다양한 역할을, 연결 방식은 협업과 의사소통을 상징할 수 있다. 이러한 상징성은 모델이 단순한 물리적 조립을 넘어 의미를 전달하는 매개체가 되어 준다.

사고를 확장하는 도구

모델은 참여자들의 사고를 구체화하고 확장시키는 역할을 한다. 레고 브릭으로 표현한 모델은 참여자가 자신의 생각을 명확히 정리하고, 새로운 아이디어를 떠올릴 수 있는 계기를 제공한다. 또한 다른 사람들과 모델을 공유하면서 서로의 관점을 이해하고 공감대를 형성할 수 있다.

소통과 대화의 출발점

모델은 팀원 간 대화를 이끌고 협업을 촉진하는 도구로 작용한다. 참여자들은 자신의 모델을 설명하면서 아이디어를 구체화하고, 이를 통해 깊이 있는 토론과 협업을 시작할 수 있다. 예를 들어, 조직의 미래 비전을 표현한 모델은 팀의 전략적 방향을 논의하는 출발점이 된다.

끊임없는 수정과 보완

모델은 고정된 결과물이 아니라, 참여자들의 새로운 아이디어에 따라 계속 변화하고 발전할 수 있는 유연성을 갖는다. 모델을 수정하거나 다른 모델과 결합해 더 큰 구조를 만들 수 있다.

건축에서의 모델과 LSP의 유사점

시각화 도구

건축 모델은 건축가들이 설계한 건물이나 구조를 축소한 형태로 표현하여, 구체적·시각적으로 전달하는 도구이다. LSP 모델은 이와 비슷하다. 참여자들이 레고 브릭을 활용해 자신의 생각, 감정, 또는 아이디어를 시각화하여 팀원들과 공유하고 이해를 돕는 도구이다.

테스트 매개체

건축 모델은 설계할 아이디어를 실험하고 다양한 가능성을 탐구하는 데 사용해 공간, 구조, 재료의 상호작용을 테스트할 수 있다. LSP 모델은 참여자들이 아이디어를 손쉽게 생각을 시뮬레이션 돌리면서 수정과 보완을 하며 완성할 수 있다.

대화의 출발점

건축 모델은 건축가와 고객, 또는 팀원 간 소통 도구로 사용할 수 있다. 모델을 중심으로 아이디어를 논의하고 피드백을 주고받는다. 마찬가지로 LSP 모델은 팀원들이 각자의 모델을 설명하고 이를 보면서 대화하면 대화의 오류를 줄일 수 있다.

레고® 시리어스 플레이® 키트 준비하기

LSP에는 전용 키트가 있다. 이 전용 키트는 효과적인 워크숍 진행을 위해 특별히 설계된 도구들이다. 크게 네 가지가 있으며, 상황에 따라 맞는 키트를 활용하면 된다.

LEGO® Serious Play® Starter Kit

스타터 키트는 창의성 발휘와 기본적인 이야기 만들기에 적합한 키트이다. 작은 크기의 모델들을 빠르게 조립하고 해체하면서 아이디어를 시각화할 수 있게 도와준다. 주로 소규모의 워크숍이나 개인적인 성찰이 필요한 상황에서 활용된다.

이미지 출처: 레고 홈페이지

LEGO® Serious Play® Identity and Landscape Kit

팀 정체성을 탐구하고 넓은 관점에서 전략적인 문제를 다룰 때 유용하다. 다양한 종류의 브릭들이 포함되어 있어, 팀 목표와 비전, 그리고 도전 과제를 구체적으로 표현할 수 있다. 특히 팀원 간 협력과 토론을 촉진하는 데 큰 도움이 된다.

이미지 출처: 레고 홈페이지

LEGO® Serious Play® Connections Kit

공유 모델에서 중요한 역할을 한다. 다양한 연결 요소들이 포함되어 있어 개별 모델들을 하나의 공유 모델로 엮는 데 적합하다. 팀원들이 각자의 아이디어를 공유하고 이를 통합하는 과정을 더욱 효과적으로 지원한다. 연결 의미를 표현하며, 팀의 주제나 비전을 하나의 구조로 나타내기에 유용하다.

이미지 출처: 레고 홈페이지

LEGO® Serious Play® Window Exploration Bag

다수의 참여자가 동시에 작업할 수 있도록 구성되어 있어 대규모 워크숍에서 주로 사용된다. 여러 종류의 다양한 브릭과 구성 요소들이 들어 있어, 복잡한 문제를 다룰 때 각기 다른 관점을 표현하고 통합하는 데 도움된다. '창을 통해 들여다본다'는 의미의 은유적 표현으로, 레고를 통해 내면의 창을 탐색하는 과정을 비유한 이름이다. 아래 사진과 같은 1인용 작은 백으로 총 100인용을 묶음으로 구성되어 있다.

이미지 출처: 레고 홈페이지

레고 조립판 준비하기

레고 조립판은 브릭을 고정할 수 있도록 점(스터드)이 촘촘히 배열된 얇은 판으로, 모든 레고 모델링의 기초가 되는 도구다. 조립판이 있으면 브릭이 흔들리지 않고 안정적으로 고정되며, 모델을 완성한 뒤에도 형태를 유지한 채 옮기거나 보관할 수 있다. 특히 LSP처럼 워크숍에서 여러 사람과 함께 작업할 때는, 각자의 생각이나 이야기를 구체화한 모델을 조립판 위에 만들어 쉽게 공유할 수 있다는 장점이 있다.

조립판은 주로 두 가지 크기가 쓰인다. 개인 작업에 적합한 녹색(Green) 조립판은 32×32 스터드(약 25.5cm×25.5cm) 크기로, 한 사람이 자신의 생각을 표현하기에 충분한 공간을 제공한다. 반면 공동 모델을 만들 때 활용되는 회색(Grey) 조립판은 48×48 스터드(약 38.5cm×38.5cm) 크기로, 여러 개의 개인 모델을 하나로 연결하거나 넓은 장면을 구현할 때 유용하다. 필요에 따라 이보다 더 작은 미니 사이즈(16×16)나 특수한 형태의 조립판도 사용할 수 있다.

조립판은 단순히 브릭을 올려 놓는 판이 아니라, 참여자의 '생각을 붙잡는 스케치북' 역할을 한다. 조립판 위에 만든 모델이 곧 참여자의 생각과 감정을 상징하며, 시각적 언어로 이야기할 수 있게 돕는다. 조립판이 있으면 만든 모델을 그대로 들고 이동하거나, 서로 연결해 팀의 공유 모델로 확장할 수도 있다. 조립판은 개인의 창의성을 담는 공간이자, 협업과 소통을 이어주는 플랫폼인 셈이다.

레고 조립판을 이용해 개인 모델을 만든 사례

레고 조립판을 여러 개를 붙여서 넓게 활용한 사례

<표 1> 레고® 시리어스 플레이® 키트의 종류와 구성

키트명	키트 정보	특징	구매 링크
Starter Kit (스타터 키트)	부품 수: 234 제품명: 2000414	• 개인 활동이나 소규모 실습에 적합한 키트다. • 간단한 활동이나 짧은 워크숍에서 사용하며, 소형 브릭과 기본 피규어들이 포함되어 있다. • 참여자들이 레고 조립에 익숙해지고, 은유적 표현을 연습하는 데 유용하다.	
Identity and Landscape Kit (아이덴티티와 랜드스케이프 키트)	부품 수: 2,808 제품명: 2000430	• 팀워크를 강조하며, 개인의 정체성 표현과 팀의 목표를 시각화하는 데 사용된다. • 투명 브릭, 기어, 바퀴 등 특수 브릭이 포함되어 있어 복잡한 구조 표현이 가능하다.	
Connections Kit (연결 키트)	부품 수: 2,455 제품명: 2000431	• 공유 모델 제작에 최적화된 키트다. • 팀원 간 관계와 협업의 연결성을 강조하는 구성품으로 설계되어 있다. • 긴 레고 막대와 연결 요소를 통해 모델 간 관계를 구체적으로 표현할 수 있다.	
Window Exploration Bag (창의적 탐구 키트)	부품 수 : 5,100 (100개 bag 총합, 1개 bag 부품 수: 51) 제품명: 2000409	• 총 100개 Exploration Bag을 한 세트로 판매 • 대규모 워크숍이나 다수의 참여자를 대상으로 할 때 유용하다. • 다채로운 브릭과 피규어를 포함하여 자유롭고 다양한 표현을 가능하게 한다.	
LEGO Baseplate (레고 조립판)	부품 수: 1 제품명: 11023(green) 11025(blue) 11026(White) 11024(grey)	• 가장 일반적인 사이즈인 green, blue, white는 실제 크기는 약 25.5cm×25.5cm로 구성 • 넓은 공간 표현에 유용한 grey는 약 38.5cm×38.5cm로 구성 • 조립의 기반: 브릭을 단단히 고정할 수 있는 판으로, 모델이 흔들리거나 무너지지 않도록 도와줌. • 구조의 확장: 큰 구조물을 만들거나 여러 개의 브릭을 연결할 때 안정감을 줌. • 이동성: 모델을 만든 뒤에도 조립판째로 옮길 수 있어 워크숍 현장에서 이동하거나 공유할 때 유용함.	

레고 조립 설명서

조립 설명서란 레고 조립 과정에서 각 단계별로 조립 방법을 시각적으로 안내해주는 책자이다. 보통 레고 세트에 포함되어 있으며, 사용자가 조립을 쉽게 따라 할 수 있도록 도와주는 비주얼 지침서이다. 그런데 LSP 전용 키트에는 조립 설명서가 포함되어 있지 않다.[1] 이는 LSP의 철학과 맞닿아 있다. LSP는 정답이 없는 창의적 사고를 장려하기 때문이다. 처음에는 조립 설명서가 없어 참여자들이 다소 당황해할 수 있지만, 더 자유로운 워크숍을 진행할 수 있다. 다음은 조립 설명서가 없을 경우 생기는 장점들이다.

자유로운 표현 가능

참여자들은 브릭 사용법에 얽매이지 않고 자신만의 방식으로 표현할 수 있다. 이는 독창적인 아이디어와 새로운 해결책을 발견하는 데 큰 도움이 된다.

몰입과 창의성 강화

참여자들이 손으로 사고하는 과정에 더욱 몰입하게 된다. 정답이 없다는 점은 심리적 안정감을 주며 창의적 도전을 이끈다.

---

[1] 다만 스타터 키트에는 LSP 핵심 프로세스와 간단한 사용 설명서가 적힌 책자로 포함되어 있으니 쓸 만하다.

참여자 간 상호작용 증가

서로의 모델을 설명하고 탐구하는 과정에서 참여자 간 소통이 자연스럽게 이루어진다. 팀워크와 공감대가 형성되며, 서로의 아이디어를 이해할 수 있는 폭이 넓어진다.

퍼실리테이터의 역할 강조

퍼실리테이터의 질문과 설명이 참여자들의 사고를 이끌어간다. 이는 퍼실리테이터의 전문성을 발휘할 기회를 제공하며 워크숍의 깊이를 더한다.

전용 키트가 없을 때 창의적 대안

LSP 전용 키트가 필수는 아니다. 가지고 있는 일반적인 레고 세트를 섞어서 활용해도 충분히 의미 있는 워크숍을 진행할 수 있다. 일반 레고를 활용하고자 할 때는 다양한 형태와 색상의 브릭을 섞어서 사용하면 좋다.

3장
How
워크숍은 어떻게 설계할까?

조직문화가 달라도
레고® 시리어스 플레이®는 통한다!

LSP가 조직 문제 해결 도구로서 강력한 힘을 가지고 있다 하더라도 조직문화에 따라 시행착오가 있기 마련이다. 퍼실리테이터는 조직문화의 차이에 따라 접근법을 달리해야 하는데, 크게 세 가지 문화 스펙트럼을 고려해야 한다. 놀이에 대한 인식, 권위와 의사소통 구조, 실패에 대한 인식이다.

문화 스펙트럼 1
놀이에 대한 인식: 신중함과 창의적 자유

LSP 워크숍은 놀이처럼 보이지만, 본질적으로 '생각의 구조를 시각화하고, 팀의 대화를 설계하는 도구'이다. 문제는 '놀이처럼 보인다'는 지점에서 시작된다. 어떤 조직은 레고라는 방식에 경계심을 품고 참여를 머뭇거리고, 어떤 조직은 놀라울 정도로 자연스럽게 몰입해 의미를 찾아낸다. 같은 방식, 같은 브릭을 사용하더라도 조직문화에 따라 워크숍 분위기와 효과는 전혀 다르게 전개된다.

신중한 조직문화: 거리감에서 몰입으로

신중한 조직문화의 경우 구조와 효율, 근거 중심의 사고방식을 중시한다. 놀이처럼 보이는 활동에 의심을 품고, 업무와 어떤 관계가 있는지 질문한다. 특히 관리자급일수록 이러한 경향은 강하게 나타난다.

퍼실리테이터 실전 가이드

- **워크숍 목적을 업무와 직접 연결한다** → LSP가 실제 문제 해결과 전략 수립에 기여한다는 점을 초반에 분명히 설명한다.
- **업무 용어로 활동을 설명한다** → 도구(레고)를 강조하기보다, LSP 방법론으로서 '문제 해결' '전략적 인사이트' '팀 간 협업'을 위한 활동임을 설명한다.
- **유사 기업의 사례를 제시한다** → 유사 업종에서 LSP 워크숍이 업무에 기여한 성공적인 사례를 보여준다.
- **성과로 이어지는 구조임을 강조한다** → 레고로 만든 결과물이 회의 자료, 실행 전략, 후속 보고서로 이어질 수 있다는 점을 미리 안내한다.

창의적 자유 조직문화: 몰입에서 실천으로

창의적 조직문화의 경우 놀이와 업무의 경계가 유연하다. 경험 기반 워크숍에 대한 거부감이 없어 초기 몰입도도 매우 높다. 하지만 '재밌는 레고 수업'으로 끝나지 않도록 유의해야 한다.

퍼실리테이터 실전 가이드

- **몰입 이후의 생각 전환을 설계한다** → 아이디어가 나왔을 때 '이걸 어디에 쓸 것인가'를 고민하게 만드는 구조를 설계한다.
- **워크숍 중간중간 실무 연결을 유도한다** → "이건 어떤 프로젝트에 적용해 볼 수 있을까요?"와 같은 질문으로 적용 가능성을 자극한다.
- **비즈니스 언어로 통역해 준다** → 상징적 표현이나 은유를 실무 용어로 해석해 전체 흐름을 정리한다.
- **결과물을 정리해 후속 실행으로 연결한다** → 워크숍 결과를 시각 자료나 요약 문서로 정리해 다음 액션으로 연결되도록 유도한다.

문화 스펙트럼 2

의사소통 구조: 수직적 문화와 수평적 문화

LSP는 '모두가 말할 수 있도록 만드는 구조'를 중요하게 여긴다. 그러나 조직의 의사소통 방식에 따라 워크숍의 흐름이 달라진다. 수직적 조직문화에서는 개인의 생각을 자유롭게 말하기를 부담스러워하고, 수평적 조직문화에서는 생각을 활발하게 주고받지만 논의가 분산되어 충돌로 이어질 수도 있다. 그러므로 퍼실리테이터는 조직의 의사소통 구조를 파악하여 워크숍 설계 시 반영해야 한다.

수직적 조직문화: 리더의 영향력 활용하기

수직적 조직문화는 리더의 권위와 업무 지시의 힘이 강하다. 팀원들은 리더의 반응을 의식하며 자신의 생각을 드러내기 조심스러워한다. 이런 조직에서는 먼저 발언하는 사람이 누구냐에 따라 워크숍의 분위기가 좌우된다.

퍼실리테이터 실전 가이드

- **리더에게 먼저 솔직하게 말할 것을 요청한다** → 리더가 먼저 모델을 만들고 공유하도록 유도하면 팀원들의 참여 분위기가 달라진다.
- **레고 모델에 집중하게 한다** → 모델에 집중하게 하면 직급보다 모델 자체에 집중하게 되고, 보다 솔직한 메시지를 끌어낼 수

있다.
- **안전한 공유 순서를 구조화한다** → "조별로 먼저 이야기하고, 전체 공유는 나중에"와 같은 구조로 발언 부담을 줄인다.

수평적 조직문화: 자유로운 대화에서 중심이 있는 대화로 연결

수평적 조직문화는 리더와 팀원이 수평적인 관계 속에서 의견을 자유롭게 주고받는다. 경직된 분위기는 없고, 대화도 빠르게 오간다. 하지만 때로는 아이디어가 흩어지고 논점이 흐려질 위험도 있어 퍼실리테이터는 자유로운 발언을 질서 있게 정리하고, 논의의 초점을 잡아주는 역할을 해야 한다.

퍼실리테이터 실전 가이드

- **논의의 초점을 명확히 한다** → 중심 질문을 되짚어주며 자유로운 대화 속에서도 집중도를 유지시킨다.
- **아이디어를 시각화하며 정리한다** → 브릭 모델이나 화이트보드 등을 활용해 이야기 흐름을 구조화한다.
- **역할 분담을 유도한다** → 발표자, 기록자, 질문자 등의 역할을 나눠 주도권이 분산되지 않게 한다.
- **논의의 흐름을 조율한다** → 겹치는 이야기는 묶고, 갈래가 갈리는 주제는 퍼실리테이터가 나눠 질문을 재배치한다.

문화 스펙트럼 3
실패에 대한 인식: 완벽주의와 실험 정신

LSP는 정답을 묻지 않는다. 오히려 즉흥적인 시도, 불완전한 모형, 엉뚱한 연결 속에서 중요한 아이디어가 피어난다. 그러나 조직마다 실패를 바라보는 관점은 다르다. 어떤 조직은 '완벽한 결과'를 우선시하는 반면 어떤 조직은 실패를 창의적 탐색의 일부로 여긴다. 실패에 대한 인식 차이는 워크숍 참여 태도, 모델 제작 방식, 대화의 흐름에 큰 영향을 준다. 퍼실리테이터는 실패에 대한 조직의 감도를 감지하고, 적절한 분위기를 유도함으로써 창의적 시도와 학습을 균형 있게 이끌어야 한다.

완벽주의 조직문화: 시도보다 완성도를 우선할 때
완벽주의 조직문화에서는 결과물의 완성도에 큰 가치를 둔다. 이 조직의 참여자들은 즉흥적인 시도를 부담스러워하고, 어설픈 완성을 꺼리는 경향이 있다. 반복적으로 모델을 수정하거나 팀원 간 피드백에 지나치게 조심스러워지는 것도 이런 문화의 일환이다.

퍼실리테이터 실전 가이드
- **완벽하지 않아도 말할 수 있는 분위기를 만든다** → "초안 그대로도 괜찮습니다" "단순화한 표현이 생각을 명확하게 보이게 합니다"라고 말하면서 심리적 부담을 줄인다.

- **시간 제한을 명확히 설정한다** → 끝없이 다듬는 걸 방지하기 위해 마감 시간을 지키도록 가이드한다.
- **'틀렸다'가 아닌 '달랐다'는 언어를 사용한다** → 다양한 해석이 가능하다는 전제를 반복적으로 강조한다.

실험적 조직문화: 시도를 학습의 일부로 여길 때

실험 정신을 중시하는 조직문화는 LSP 교육 철학과 잘 맞는다. 새로운 시도를 통한 탐색을 즐기며, 레고 브릭을 실험 도구처럼 자유롭게 사용한다. 이러한 환경에서는 창의적 시도가 더 깊고 넓게 일어날 수 있도록 퍼실리테이터의 '촉진 기술'이 핵심이 된다. 단순히 자유롭게 시도하게 두는 것이 아니라, 그 시도가 연결되고 확장되도록 설계해야 한다.

퍼실리테이터 실전 가이드

- **다양한 시도를 장려하는 메시지를 전달한다** → "새로운 시도에서 더 많이 배울 수 있어요"와 같은 언어로 탐색을 격려한다.
- **레고로 만드는 과정의 중요성을 말한다** → 볼펜이나 키보드가 아닌 레고로 생각을 표현하는 과정 자체가 새롭기 때문에 그 탐색 과정에서 생각의 전환이 일어남을 이야기한다.
- **실험 간 연결과 확장을 유도한다** → "이 시도와 저 시도 사이에 공통점이 있나요?" "이걸 기반으로 또 어떤 조합이 가능할까요?" 같은 질문으로 아이디어를 묶는다.

목적 없는 워크숍은 흔들린다
방향부터 세우기

팀워크 향상을 위한 레고 워크숍 당일, 참여자들에게 워크숍 목적을 설명하고 활동을 시작하는데 이상한 기류가 감지됐다. 활동에 몰입하지 못하는 참여자들이 보이기 시작한 것이다. 워크숍 목적과 실제 참여자들의 기대가 미묘하게 어긋난 것이다. 팀워크 향상이라는 목적은 참여자들에게 구체적으로 다가오지 않았고, 저마다 목적을 다르게 받아들이고 있었다. 각자의 개인적인 목표를 추구하는 방향으로 흐르기 시작했다.

이처럼 목적이 불분명하면 참여자들의 동기부여가 떨어지고, 참여가 형식적으로 변하게 된다. LSP 워크숍을 진행하면서 가장 먼저 강조해야 하는 것은, 워크숍의 목적이다. 목적 설정이 명확하면 참여자는 자기 역할을 자연스럽게 찾아가고, 워크숍 성과 기준도 명확해진다. 반면 목적이 흔들리면 워크숍 전체가 흔들리게 된다.

목적이 명확하게 전달되었을 때, 참여자들의 몰입도는 확연히 달라진다. 다음과 같은 '조직 내 소통 활성화' 워크숍이 좋은 예이다. 준비 과정에서 나는 인사담당자뿐만 아니라 참여 대상자들 중 몇

명을 만나 인터뷰를 했다. 인터뷰를 바탕으로 워크숍 목적을 '다양한 세대 간 소통의 장벽을 낮추고 서로의 이야기를 듣는 경험 제공'이라고 구체화했다. 워크숍 당일 이 목적을 공유했을 때, 참여자들은 명확히 무엇을 해야 하는지 이해했고, 레고로 표현한 서로의 생각과 이야기를 경청하고, 공감하며 진심으로 소통하는 장면이 펼쳐졌다.

명확한 목적이 가져오는 변화를 체감한 다른 사례도 있다. 리더십을 주제로 한 워크숍에서 목적을 어떻게 설정하느냐에 따라 참여자의 참여도와 교육 효과가 크게 달라졌다.

A기업의 팀장급 리더들을 위한 교육에서의 목적은 '팀장의 역할을 변화하는 환경 속에서 재정의하고, 팀 간 협력을 증진하는 것'이었다. 명확한 목적 하에 팀장들은 단순히 관리자가 아닌 조직 변화의 주체로서 자신의 역할을 깊이 성찰할 수 있었다. 또한 각 부서의 팀장들이 레고를 활용하며 각자의 경험을 공유하는 과정에서 업무에서 적용할 수 있는 실질적 아이디어들이 자연스럽게 도출되었다.

B기업에서는 팀장들을 위한 '비즈니스 플랜 워크숍'을 진행했다. 목적은 '한 해를 돌아보고 다음 해의 전략과 방향성을 의미 있게 설정하는 것'이었다. 목적이 명확히 설정되자 참여자들은 레고를 통해 각자의 비전을 구체적으로 표현하고, 전략적인 리더십을 발휘할 수 있는 계획들을 세웠다. 이 과정에서 팀장들은 단순한 연례 계획 수립을 넘어 팀의 방향과 개인의 리더십 스타일을 명확히 정립할 수 있는 의미 있는 경험을 얻었다.

두 사례 모두 리더십이라는 공통 주제를 다루었지만, 세부 목적이 달라 결과 역시 뚜렷하게 바뀌었다. A기업에서는 역할 재정의라는 명확한 목적 덕분에 리더들이 자신의 변화 가능성을 찾았고, B기업에서는 전략적 리더십이라는 목적을 통해 실제 업무 계획과 깊이 연결된 리더십 역량 강화에 성공했다.

반면 목적 설정에 실패한 사례도 존재한다. 한 워크숍에서 목적을 명확히 하지 않은 채 '리더십을 강화한다'는 일반적인 목표만 설정했다. 워크숍이 진행되자 참여자들은 무엇을 해야 하는지 구체적으로 파악하지 못했고, 결국 레고 활동은 단순히 레고 조립하는 재미에 그쳤다. 워크숍 종료 후 참여자들은 무엇을 배웠는지, 실제 업무에 어떤 도움이 될지 불분명하다는 피드백을 남겼다. 이 사례는 목적 설정이 얼마나 중요한지 다시 한번 일깨워 준다.

실전 가이드 1
포괄적인 말은 구체적인 단어로 좁혀라

워크숍 목적을 설정할 때 가장 많이 등장하는 단어 중 하나는 '강화'이다. 리더십 강화, 팀워크 향상, 조직문화 개선…. 그럴듯해 보이지만 이 단어들로 워크숍을 설계하다 보면 곧 벽에 부딪힌다. 주제가 광범위하기 때문이다. 추상적인 말들은 번듯한 교육 목적처럼 보이지만, 실제로는 교육 의도를 흐리게 만드는 안개와 같다.

포괄적인 말일수록 창의적일 것 같지만, 실제 워크숍 현장에서는 구체적일수록 창의성이 더 풍부하게 발현된다. 초점의 법칙처럼, 주제의 범위를 좁혀줘야 생각이 응집되고 방향성을 찾기 쉽다. 예를 들어, '조직문화 개선'이라는 목적은 참여자마다 다르게 해석된다. 누군가는 회식 문제를 떠올리고, 누군가는 보고 체계 문제를 말한다. 조직문화 개선 중에서도 구체적인 주제로 좁힌다면 모두가 공통의 주제로 대화를 발전시킬 수 있다. '신입과 기존 직원 간 커뮤니케이션'이라는 목적은 같은 출발선에 설 수 있게 도와준다.

좋은 목적은 한정된 방향이 아니라, 명확한 출발선을 지정해주는 역할을 한다. 목적을 좁히는 일은 생각을 제한하는 것이 아니라, 모두가 같은 주제 안에서 대화를 시작하게 도와준다. 참여자가 '무엇을 만들어야 할지' 방향을 잡기 쉽고, 대화로 이어지게 한다. 워크숍을 이끄는 일은 거창한 단어를 말하는 일이 아니라, 참여자가 손으로 만들 수 있을 만큼 선명한 단어를 고르는 일이다.

실전 가이드 2
가르치는 설계가 아닌 표현하게 하는 설계를 하라

'리더십이란 무엇인지 알려준다' '문제 해결 역량을 높인다'는 목적은 얼핏 교육적이고 주제가 분명해 보이지만, LSP 워크숍에서는 다른 관점이 필요하다. LSP 워크숍의 핵심은 '전달'이 아닌 '표현'이다. '듣는 수업'이 아니라 '참여하는 수업'이며 '내가 이해하면' 끝나는 시간이 아니라 남에게 '설명하고 공유하는' 부분도 중요한 학습 과정이기 때문이다.

LSP에서는 퍼실레이터의 활동보다는 참여자들의 참여도와 활동이 중요하게 작용한다. 워크숍의 목적은 강의 목표가 아니라 대화를 여는 질문이 되어야 한다. 예를 들어, '조직의 비전을 이해한다'라는 목적은 조직의 비전을 강사의 설명을 통해 참여자가 학습해야 함을 의미한다. 하지만 '내가 조직의 비전과 얼마나 연결되어 있다고 느끼는가?'라는 질문은 참여자의 경험을 기반으로 말할 수 있게 만든다.

내가 퍼실리테이터로 활동을 시작했을 때, 자주 저지른 실수는 워크숍을 주도하고, 내 이야기를 너무 많이 했던 것이다. 참여자들이 방향을 잃을까 봐 지나치게 설명했고, 완벽한 길을 직접 보여주려고 애썼다. 그 결과 참여자들은 나의 설명에만 의지해 적극적인 참여와 자율적인 탐색의 기회를 놓쳐버렸다.

좋은 여행 가이드는 목적지를 명확하게 알려주고, 여정을 충분히 이해하도록 도우면서 직접적인 경험과 발견은 스스로 하게 만든다. 워크숍도 마찬가지다. 퍼실리테이터가 해야 할 가장 중요한 역할은 참여자들에게 명확한 안내와 적절한 질문을 통해 스스로 탐색하도록 독려하는 것이다. 워크숍 진행 중 참여자들에게 이런 말을 자주 던져보면 좋다. 이런 말들은 참여자들이 자신의 역할을 자연스럽게 찾아가고, 스스로 경험을 만들어 나가도록 도와 준다.

> "지금부터 여러분이 주인공입니다. 이 질문에 자유롭게 답해보세요."
> "완벽한 답을 찾으려 애쓰지 말고, 떠오르는 그대로 표현해 보세요."
> "서로의 이야기를 경청하고, 각자의 모델을 마음껏 공유해 보세요."

워크숍의 주인공은 참여자다. 참여자 스스로 경험하며 성장할 때, 워크숍은 잊을 수 없는 여행처럼 가치 있는 기억으로 남게 된다.

LSP에서 좋은 목적은

- 참여자의 생각을 꺼내도록 돕는 질문이어야 하고
- 질문을 들은 순간, 말하고 싶은 장면이 떠오를 수 있어야 하며
- 워크숍 전체 흐름을 관통하는 대화의 중심축이 되어야 한다.

실전 가이드 3
목적, 결과물, 기대효과를 구분하라

LSP 설계자는 워크숍의 구조를 명확히 세우기 위해 참여자들에게 목적, 결과물, 기대효과를 정확하게 구분해서 알려줘야 한다.

목적은 워크숍의 존재 이유로 '왜 지금 이 시점에, 이 주제로 사람들을 모으는가?'라는 질문에 답하는 것이다. 결과물은 레고로 만들어 내는 것으로 교육장 테이블 위에 무엇이 남는지 말한다. 기대효과는 워크숍 이후 조직이나 개인에게 일어날 수 있는 정성적·정량적 변화다.

- 목적: 이 워크숍의 존재 이유는 무엇인가
- 결과물: 당일 무엇을 만들고 남길 것인가
- 기대효과: 이후 어떤 변화가 나타나기를 바라는가

퍼실리테이터는 이 세 가지를 분리해서 쓰고, 분리 기준에 따라 질문을 설계하고, 활동을 배치하고, 회고를 유도해야 한다. 목적과 결과물이 섞이면 참여자는 이걸 왜 만드는지 모른 채 브릭을 조립하게 되고, 결과물과 기대효과가 구분되지 않으면 워크숍의 성과가 모호해져 보고서에 "그래서 무엇이 달라졌는가"에 답할 수 없게 된다.

목적, 결과물, 기대효과에 대한 내용이 독립적으로 구분될 때, 워크숍은 제대로 된 구조를 갖춘다. 이 구조 안에서, 창의적인 표현과 자유로운 대화가 안전하게 일어난다. LSP 퍼실리테이터는 '창의'와 '질서' 사이의 긴장 속에서 설계를 완성해야 한다.

퍼실리테이터 체크리스트	내 점검
내가 설정한 목적이 포괄적 단어(강화, 향상, 개선 등)에 머물러 있지 않은가?	☐
그 단어를 듣고 참여자가 "구체적으로 무엇인가요?"라고 물을 가능성이 있는가?	☐
목적을 더 구체적이고 행동 가능한 장면이나 상황 중심 표현으로 바꿔보았는가?	☐
내가 세운 목적은 '지식 전달'이 아닌 '참여자의 대화 유도'에 초점이 맞춰져 있는가?	☐
그 목적을 질문형 문장으로 바꿨을 때, 참여자의 경험과 이야기가 자연스럽게 연결되는가?	☐
참여자가 그 질문을 듣고, "이 얘기 해보고 싶다"는 생각이 드는가?	☐
내가 설정한 교육에서 목적, 결과물, 기대효과가 명확히 분리되어 있는가?	☐
목적과 결과물 사이를 오가며 자연스럽게 연결되고 있는가?	☐
워크숍이 끝난 이후, 실제 기대효과를 기록할 수 있는 구조가 설계되어 있는가?	☐

참여자 분석하기

워크숍 설계의 본질은 참여자의 경험을 디자인하는 데 있다. 아무리 멋지고 독창적인 설계를 하더라도 참여자의 마음을 제대로 읽지 못하면 공허한 설계로 끝나게 된다. 참여자의 특성을 파악하는 방법은 크게 두 가지이다. 직급, 부서 등 겉으로 드러나는 참여자 분석 방법과 참여 의도 등 감춰져 있는 참여자 특성을 분석하는 방법이다.

실전 가이드 1
겉으로 드러나는 참여자 분석하기

LSP는 단순한 활동이 아니라, 참여자가 스스로 생각을 정리하고 표현하는 방식이다. 따라서 퍼실리테이터는 참여자의 외형적 특성 속에 숨은 실마리를 읽고, 이를 기반으로 몰입도 높은 경험을 설계해야 한다.

겉으로 드러나는 특성은 주로 직급, 직군, 연령, 성별 등으로 구분할 수 있다. 이 중 무엇이 중요한지 판단하는 것이 참여자 분석의 핵심 포인트이다. 참여자 분석은 단순한 배경 정보 수집이 아니라, 참여자들이 어떤 방식으로 참여하고 몰입할지 예측하는 과정이다.

직급과 직군: 기대와 니즈는 다르다

한 글로벌 기업에서 임원진들은 조직의 미래 방향성과 중장기 전략을 설정하는 데 관심이 많았다. 이들에게는 레고를 활용해 '우리 기업의 미래'를 시각화하는 활동을 설계했다. 참여자들은 조직이 나아갈 방향을 이야기하며, 자연스럽게 리더로서의 역할을 정리하고 공유했다.

반면 같은 기업 내 일반 직원의 주요 관심사는 팀원 간 실무적 소통 개선이었다. '우리 팀의 커뮤니케이션 문제점과 개선 방안'을 레고로 표현하도록 했다. 구체적이고 실무적인 접근 덕분에 참여자들은 "이건 바로 우리 이야기"라며 높은 몰입도를 보였고, 워크숍 이후 팀 내에서 실제 변화 시도를 해보겠다는 피드백도 받았다.

성격과 성향: 공유 방식은 다르다

성격은 참여자들이 정보를 받아들이고 표현하는 방식에 큰 영향을 준다. 다양한 구성원들과 소통을 좋아하는 사람이 있고, 낯을 가리는 사람이 있다. 한 IT 기업의 워크숍에서는 내향적인 참여자들이 대부분이었다. 처음부터 그룹 토론을 진행하는 대신, 각자가 조용히 개별 레고 모델을 만들고 자신의 생각을 정리할 시간을 충분히 제공했다. 이후 그룹 활동으로 넘어가자, 참여자들은 훨씬 편안하게 이야기를 시작했다.

반대로 마케팅, 영업 직군 참여자들과의 워크숍은 분위기부터 달랐다. 말로 설명하고 표현하는 걸 즐기는 이들이 많았고, 빠르게 핵심을 보여주는 레고 모델을 만들고, 자신의 생각을 활발하게 공유했다. 이럴 때는 활동 흐름을 빠르게 가져가고, 중간중간 발표와 상호 피드백을 적극적으로 하는 게 효과적이었다. 성향을 고려하지 않고 일률적인 활동만 했다면 이런 반응이 나오지 않았을 것이다.

연령과 성별: 고정관념을 지우자

교육 담당자들이 자주 하는 질문 중 하나는 "4~50대도 레고 활동을 잘 따라올까요?"이다. 결론부터 말하면, 연령과 성별은 LSP 워크숍의 몰입도와 직접적인 상관관계가 크지 않았다. 지난 10년 동안 크고 작은 기업에서 LSP 워크숍을 진행해온 경험으로 볼 때 연령이나 성별로 인해 참여도가 눈에 띄게 달라진 적은 없었다고 해도 과언이 아니다.

대신 '심리적 거리감'이 존재한다. 4~50대의 참여자 중 일부는 "이런 건 젊은 사람들이 잘하는 거 아닌가요?" "제가 레고를 가지고 뭘 만들 수 있을까요?"라는 말을 하기도 한다. 이때 퍼실리테이터가 해야 할 일은 레고 브릭이 장난감이 아니라, '생각을 시각화하는 도구'라는 점을 자연스럽게 이끌어주는 것이다.

한 중견기업의 중년 관리자급 워크숍에서, 참여자 대부분이 처음에는 레고 브릭을 만지는 것도 어색해했다. 하지만 워크숍 초반에 '업무 상황을 레고로 표현한 사례'를 보여주고, 간단하게 레고와 친해지는 활동부터 천천히 시작하자 분위기가 완전히 바뀌었다. 참여자들은 점점 몰입했고, 시간이 지나자 레고로 표현하는 것을 당연하게 받아들이며 적극적으로 이야기를 나누었다.

조직 내 역할과 업무: 관점이 다르다

직급이 같아도 조직 내 역할과 맡은 업무에 따라 워크숍에서 기대하는 바는 크게 달라진다. 한 제약회사의 워크숍에서는 모두 같은 직급의 팀장들이 참여했지만, 연구개발팀과 영업팀은 전혀 다른 워크숍 니즈를 가지고 있었다. 연구개발팀은 창의적 아이디어 발산과 팀 내 협업 구조 개선에 관심이 있었고, 영업팀은 실질적인 고객 커뮤니케이션 전략과 성과 향상 방안에 관심이 많았다.

이럴 때는 같은 워크숍 안에서도 활동을 유연하게 구성해야 한다. 두 팀이 공통적으로 참여하는 오프닝 이후에는 그룹을 나눠 각자의 주제에 맞는 활동을 따로 설계했고, 마지막에는 서로의 결과물을 공유하는 방식으로 진행했다. 그 결과, 각 팀은 자신들의 현실에 맞는 해답을 찾아갔고, 동시에 다른 부서의 관점을 이해하는 기회도 가질 수 있었다.

실전 가이드 2
내면의 숨은 목소리 분석하기

겉으로 드러나는 참여자 정보만으로는 워크숍 설계의 방향을 정하기에 충분하지 않을 때가 있다. LSP는 '생각의 시각화'를 핵심으로 하는 워크숍 방식인 만큼, 참여자의 내면에 무엇이 자리하고 있는지 읽어내면 보다 정밀한 설계가 가능하다.

직장인들은 워크숍에 참여할 때, 기대, 불안, 니즈라는 세 가지 감정을 동시에 지니고 온다. 퍼실리테이터는 분석가이자 해석자로서, 참여자의 이 세 가지 감정과 맥락까지 읽어내야 한다.

기대: 이번엔 뭔가 다르길 바란다

직장인들은 워크숍에 기대를 품고 있다. 업무와 연결된 해결책을 얻고 싶어 하며, 바쁜 일상에서 벗어나 잠시 자신을 돌아볼 수 있는 여유를 기대한다. 또한 팀원들과의 관계를 회복하거나 서로의 생각을 들을 수 있는 자리가 되길 바란다. 업무와 사람 사이에 숨겨진 문제를 다루는 시간이 되길 바라는 것이다.

불안: 괜히 나만 어색해지면 어쩌지?

기대와 함께 따라오는 건 불안이다. 겉으로 드러내지 않지만 많은 참여자들이 '또 형식적인 활동이면 어쩌지' '다른 사람들 앞에서 말해야 하는 건 아닐까' '괜히 평가받는 분위기면 불편할 텐데'

와 같은 걱정과 함께 자리에 앉는다. 기존 교육에 대한 경험이 좋지 않았던 사람일수록 이 불안은 더 크다. 퍼실리테이터는 참여자들의 불안감을 없애려고 하기보다는 이를 예상하고 설계에 반영하는 태도가 필요하다.

니즈: 진짜로 도움이 되는 걸 원한다

참여자들은 '이 워크숍이 내게 도움이 되는가'를 가장 민감하게 판단한다. 말뿐인 강의나 추상적인 활동보다 업무, 팀 관계, 조직의 맥락과 연결되는 활동을 원한다. 또한 심리적으로 안전한 환경에서 자신의 생각을 말하고, 변화를 시도해 볼 수 있는 경험을 기대한다. 참여자들은 '내 이야기를 꺼내도 괜찮은 시간' '말하지 않아도 이해받을 수 있는 구조'를 원하므로 퍼실리테이터는 이를 설계에 반영해야 한다.

퍼실리테이터는 워크숍이 끝난 뒤 "이번 워크숍은 성공적이었을까?"를 자문해야 된다. 이 질문에 예상되는 참여자 반응을 소개한다. 다음 표는 참여자들이 느끼는 다양한 감정과 통찰을 정리한 것으로, 퍼실리테이터가 참여자 반응을 이해하고 진행을 조율하는 데 유용하다. 참여자의 기대, 불안, 니즈와 같은 숨은 내면의 목소리는 우연히 드러나기를 기다리기보다는 설계 단계에서부터 적극적으로 탐색하는 것이 중요하다. 이를 위한 세 가지 방법이 있다.

경험	이유	참여자 반응
창의적 표현의 즐거움	추상적 아이디어를 레고 모델로 구체화하는 과정이 신선하고 재미있다.	• 내 생각이 이렇게 생겼다니 신기해요! • 내가 이렇게 창의적인 사람인지 몰랐어요!
손을 통해 생각 정리	손으로 브릭을 조립하며 사고가 확장되고 명확해진다.	• 손으로 만지다 보니 제가 진짜 원하는 게 뭔지 알게 됐어요. • 생각지도 못했던 아이디어가 떠올랐어요!
자기 자신 발견	모델 제작을 통해 자신의 가치와 강점을 새롭게 이해한다.	• 내가 팀에서 중요한 역할을 하고 있다는 걸 깨달았어요. • 이 모델이 제 강점을 보여주는 것 같아 뿌듯해요.
놀이의 재미와 긴장 완화	레고를 만지며 몰입하고 스트레스를 해소한다.	• 시간 가는 줄 몰랐어요! • 이게 이렇게 재미있을 줄 몰랐네요!
다양한 관점 발견	자신의 모델을 공유하며 팀원들의 시각을 배운다.	• 다른 사람의 모델을 보면서 새로운 관점을 배웠어요. • 모델을 연결하니 더 큰 그림이 그려졌어요.
성취감과 자부심	의미 있는 이야기를 담은 모델을 완성하며 성취감을 느낀다.	• 이 모델이 제 목표를 딱 나타내는 것 같아서 만족스러워요. • 내가 만든 결과물이 이렇게 멋질 줄 몰랐어요!
비언어적 소통의 가능성	말로 설명하기 어려운 생각을 모델로 표현하며 소통한다.	• 제가 말로는 설명 못했을 텐데, 모델이 다 설명해주네! • 모델로 아이디어를 명확히 전달할 수 있었어요.
문제와 해결책 통찰	시각화된 모델이 문제와 목표를 명확히 보여준다.	• 목표를 이루기 위해 뭘 해야 할지 더 명확해졌어요. • 가장 큰 도전 과제가 뭔지 알게 됐어요.
팀과의 연결감	개인 모델을 팀 목표에 통합하며 강한 유대감을 형성한다.	• 제 아이디어가 팀에 기여하고 있다는 느낌이 들어요. • 우리 모두가 같은 방향을 향하고 있음을 확인했어요.
자유로운 사고의 해방감	정답과 틀이 없는 활동이 새로운 사고를 가능하게 한다.	• 내 방식대로 생각할 수 있어서 좋았어요. • 자유롭게 표현하는 게 이렇게 즐거운 줄 몰랐어요.

첫째, 워크숍 전 사전 설문조사를 활용한다. 단순한 폐쇄형 문항이 아니라 개방형 질문으로 참여자의 감정과 니즈를 묻는다. 예를 들어 "최근 업무에서 가장 답답했던 순간은?" "워크숍에서 꼭 얻고 싶은 결과는?"과 같은 질문은 참여자의 내면을 드러내는 데 효과적이다.

둘째, 워크숍을 설계하면서 조직 내부 인터뷰를 활용한다. 참여자를 직접 인터뷰하기 어렵다면, 그들을 가장 가까이에서 지켜보는 리더나 HR 담당자와 인터뷰하며 팀 분위기, 갈등 구조, 최근 변화 등을 간접적으로 파악할 수 있다.

셋째, 워크숍 진행 후 참여자 피드백 설문지를 통해 그들의 참여가 실제로 어떤 의미를 만들어냈는지 구체적으로 확인한다. 워크숍 피드백 설문지는 핸드폰으로, 종이로도 참여할 수 있고 이미 다양한 방식이 나와 있다.

여기에서는 LSP에서 활용하면 좋은 세 가지 관점을 소개하는 데 중점을 두고자 한다.

첫째, 워크숍의 핵심 요소인 '참여와 몰입' 수준을 측정한다. 점수가 높다면 참여자들이 적극적으로 워크숍에 참여했고, 몰입도가 우수했다는 뜻이다. 낮은 점수를 받았다면 구체적인 이유를 분석해 분위기, 진행 방식, 질문 구성 등 문제점을 찾고 다음 워크숍 개선에 활용한다.

둘째, 워크숍이 참여자에게 실질적으로 어떤 가치를 제공했는지 확인한다. 참여자가 택한 통찰이나 배움의 유형을 분석하여 워크숍의 교육적 목표가 제대로 달성됐는지 판단할 수 있다. 참여자 답변의 경향성을 분석해 내용 구성의 적합성과 깊이를 점검하고 보완한다.

셋째, 워크숍에 대한 전반적인 만족도와 신뢰를 평가하는 지표다. 이 질문을 통해 참여자들이 실제 워크숍을 다시 찾거나 추천할 가능성을 예측한다. 점수가 높으면 워크숍의 전반적 품질이 좋다는 의미로 볼 수 있으며, 낮다면 개선할 필요가 있는 영역을 집중적으로 확인할 수 있다. 추천 이유를 분석하여 워크숍의 강점을 명확히 하고, 마케팅 메시지로 활용할 수도 있다.

퍼실리테이터의 관찰로 듣는 내면의 목소리
워크숍 일지 작성법

참여자의 내면에 머물렀던 감정과 생각을 설문지로만 포착하기에는 어렵다. 그래서 퍼실리테이터는 워크숍이 끝난 직후, 자신의 감각과 기억을 바탕으로 참여자들의 말과 행동을 다시 더듬어 보는 시간을 가져야 한다. 이때 사용하는 도구가 바로 워크숍 일지다.

워크숍 일지는 단순한 기록이 아니라, 퍼실리테이터가 직접 마주한 현장을 스스로 분석하고 해석하는 과정이다. 그날의 공기, 흐름, 참여자들의 눈빛과 망설임까지 모든 것이 다음 워크숍을 위한 힌트가 된다. 기록의 핵심은 네 가지이다.

시간 배분 체크

어떤 세션에서 여유가 있었고, 어떤 순간이 촉박했는지 시간표와 실제 운영을 비교하며 시간 감각을 정교하게 다듬는다. 나의 경우 10년 동안 숫자로 시간을 기록해오니 나만의 통계값이 생기고 나니, 워크숍 시간 설계가 용이해졌다.

분위기와 반응 메모

참여자들의 표정, 몸짓, 대화 분위기를 관찰한다. 집중이 높았던 순간과 분위기가 어색해졌던 지점을 함께 기록한다.

질문에 대한 몰입도 분석

어떤 질문에서 참여자들이 이야기보따리를 풀었는가? 반대로 어떤 질문은 생각보다 반응이 적었는가?

개선 아이디어 정리

아쉬웠던 부분은 무엇이고, 잘 된 점은 어디인가? 다음에는 무엇을 바꾸거나 유지할 것인가?

이렇게 작성된 워크숍 일지는 퍼실리테이터에게 또 하나의 귀가 되어, 말로 표현되지 않은 '숨은 목소리'를 듣게 한다. 반복될수록 뾰족해지는 기록의 힘은, 워크숍의 완성도를 점점 더 높여주는 퍼실리테이터의 가장 확실한 자산이다.

워크숍 피드백 설문지

1. 워크숍의 즐거움과 몰입도를 평가한다면 몇 점인가요?

   (1~10점)

   (점수) _____

   (이유) _____

2. 워크숍을 통해 얻은 가장 가치 있는 통찰은 무엇인가요?

   (1~10점)

   (점수) _____

   (이유) _____

3. 이 워크숍을 동료나 지인에게 추천할 의향은 어느 정도인가요?

   (1~10점)

   (점수) _____

   (이유) _____

	워크숍 일지
교육 개요	• 워크숍명: • 일시: • 장소: • 참여자 수 / 구성: • 진행 목적 (간략히): • 전체 흐름 요약 (간략히):
퍼실리테이션 메모	① 시간 배분 체크 (계획 대비 실제 흐름을 비교하며, 빠듯했던 파트 / 여유 있었던 파트 중심 기록) 　　예시: 스킬스 빌딩 예상보다 짧게 끝남 / 공유 모델 발표 시간 부족 ② 분위기와 반응 (전체적인 분위기, 활발하거나 소극적이었던 순간, 인상 깊었던 행동이나 발언 등) 　　예시: 공유 모델 발표 때 팀 리더가 적극 피드백 / 개인 모델 발표 때 일부 참여자 어려움 표현 ③ 질문에 대한 몰입도 (몰입도 높았던 질문, 반응이 약했던 질문, 참여자들의 인지 흐름에 대한 관찰) 　　예시: "우리 팀의 위기 상황은?" 〉 대화 활발 　　　　 "우리 팀을 색깔로 표현한다면?" 〉 반응 저조 ④ 개선 아이디어 (이번 워크숍에서 아쉬웠던 점, 성공 포인트, 추후 적용할 구체적 아이디어) 　　예시: 공유 모델 발표 시간 최소 10분 확보 / 스킬스 빌딩에서 은유적 질문 추가하기
비고	(기록 외에 느낀 점, 놓치고 싶지 않은 장면, 다음 기획을 위한 힌트)

LSP 워크숍 사례
L사 편

L사는 해당 부문 조직문화팀이 주축이 되어 변화와 혁신에 깊은 관심을 가진 조직이었다. 그들은 단순히 일회성 교육이 아니라 지속 가능한 조직문화 변화를 만들어내기를 원했다. L사는 명확한 두 가지 목적을 가지고 있었다. 팀 단위의 실질적인 조직문화 변화를 이끄는 것과 내부에 자체 퍼실리테이터를 육성하여 장기적으로 교육이 지속될 수 있는 구조를 만드는 것이었다. 명확한 목적 하에 워크숍은 더 체계적으로 설계되었다.

1단계 참여자 분석하기: 표면적 특성 분석

워크숍 설계를 시작하며 참여자 특성을 꼼꼼히 파악하는 일부터 진행했다. L사는 글로벌 기업답게 직원의 특성이 다양했고, 엔지니어와 개발자, 기획자 등 다양한 직군이 섞여 있었다. 엔지니어들은 논리적이고 명확한 결과물을 선호했고, 기획자들은 창의적이며 전략적인 아이디어를 선호했다.

우선 '참여자들의 언어'에 주목했다. 엔지니어들에게는 기술적이고 논리적인 용어와 명확한 프로세스 중심의 레고 활동을 설계했다. 반면 기획자들에게는 창의적인 아이디어 발상과 전략적 접근을 강조하는 레고 활동을 제공했다. 동일한 워크숍 내에서도 직군의 특성을 반영해 두 가지 서로 다른 접근법을 섞어 운영하는 방식이었다.

직급 또한 중요한 분석 요소였다. 워크숍의 초기에는 팀장급 이상이 주로 참여했다. 리더급 참여자들에게는 레고를 통해 회사의 비전을 재정의하고 조직 내 자신의 역할을 명확히 하는 활동을 진행했다. '우리 조직이 앞으로 나아가야 할 방향을 레고로 표현해 보세요'라는 미션에 참여자들은 처음에는 다소 당황했지만, 이내 몰입하며 다양한 비전을 표현했다. 팀장급 이상 직원들은 레고 브릭을 통해 비전을 구체화하는 과정에서 조직의 목표와 자신들의 역할을 다시 한번 정리하고 명확히 하는 계기를 가졌다.

이후 진행된 일반 직원 대상 워크숍에서는 접근을 조금 달리했다. 그들에게 가장 큰 동기부여는 실제 업무에서 느끼는 문제를 해결하는 것이었다. 그래서 참여자들이 스스로 업무상 겪고 있는 어려움이나 팀 내 소통의 문제점을 레고로 표현하게 했다. 놀랍게도 참여자들은 각자의 문제를 솔직하게 표현했고, 이를 공유하는 과정에서 자연스럽게 공감과 해결책을 도출해냈다.

참여자의 성향 분석에서도 흥미로운 점이 있었다. 참여자들이 레고라는 도구 자체를 낯설어할 수 있다는 우려가 있었다. 그러나 내향적 성향의 직원들은 레고라는 도구 덕분에 편하게 내면을 드러냈고, 외향적 성향의 직원들은 팀 활동과 발표 시간에 적극적으로 참여하며 활기를 불어넣었다. 레고의 독특한 특성 덕분에 다양한 성향의 직원들이 자연스럽게 워크숍에 참여할 수 있었던 것이다.

2단계 ▶ 파일럿 워크숍 운영: 숨은 목소리 파악

첫 번째 워크숍은 파일럿 형식으로 진행했고, 피드백을 바탕으로 다음 워크숍을 설계했다. 참여자들은 조직의 비전과 개인 업무를 연결하는 데 있어 레고 활동이 기대 이상으로 효과적이었다고 평가했고, 각자 다른 해석과 표현이 가능하다는 점에 높은 점수를 주었다.

이렇게 워크숍 설계 초기 단계에서부터 참여자의 특성을 철저히 분석하고 반영한 덕분에, 이후 진행된 워크숍들에서도 지속적으로 좋은 결과를 얻을 수 있었다. 참여자의 특성을 깊이 이해하고 맞춤형으로 설계하는 것이 워크숍 성공의 결정적 요소였다.

3단계 ▶ 사내 퍼실리테이터 육성
: 퍼실리테이터의 숨은 목소리 분석

첫 번째 파일럿 워크숍이 성공적으로 끝나자 L사는 자신감을 얻었고, 본격적으로 사내 워크숍을 확대하기로 결정했다. 다음 단계는 사내 퍼실리테이터 육성이었다. 이 과정이 중요한 이유는 단순히 외부 전문가에 의존하지 않고, 내부에서 지속적으로 자체적인 워크숍 운영이 가능한 시스템을 구축하기 위함이었다.

사내 퍼실리테이터 육성 과정에서는 참여자의 특성을 파악하는 것이 더 중요했다. 퍼실리테이터 후보자들은 이미 조직 내부에서 인정받고 있었지만, 교육과 진행 경험이 부족한 상태였다. 이들에게 LSP 퍼실리테이션을 성공적으로 전달하려면 그들의 업무 스타일, 강점, 그리고 내면의 불안을 세심히 고려해야 했다.

교육 과정 초반에는 후보자들이 느끼는 퍼실리테이터로서의 불안을 레고로 표현하는 활동을 진행했다. 망설이던 참여자들도 이내 브릭을 손에 쥐고 자신들의 고민을 표현하기 시작했다. 레고 모델을 통해 드러난 그들의 공통된 걱정은 '내가 제대로 진행할 수 있을까?'라는 자신감 부족과 '참여자들의 반응을 잘 이끌어낼 수 있을까?'라는 걱정이었다. 내면의 솔직한 표현 덕분에, 교육 과정은 매우 진솔한 분위기에서 시작할 수 있었다.

이후 참여자들에게 실제 워크숍 상황을 가정한 실습을 반복적으로 진행하도록 했다. 참여자 각자가 레고 활동을 설계하고, 나머지 사람들이 참여자가 되어 참여하는 방식이었다. 이 과정에서 서로의 진행 방식에 대해 다양한 피드백을 주고받았다.

특히 평소 내향적이고 과묵한 한 엔지니어는 퍼실리테이터 역할에 대해 부담감을 느끼고 있었지만, 레고를 통해 자신의 진행 스타일을 차근차근 표현하고 공유하면서 점차 자신감을 찾기 시작했다. 그가 설계한 활동은 논리적이고 체계적이어서, 엔지니어 동료들에게 큰 공감을 얻었다. 그는 이 경험을 통해 자신이 진행자로서 강점을 충분히 가지고 있음을 깨달았고, 이후 워크숍에서 뛰어난 퍼실리테이터로 성장할 수 있었다.

또 다른 참여자는 외향적이고 활발한 마케팅 팀 직원이었다. 뛰어난 소통 능력과 유머 감각으로 참여자들을 자연스럽게 이끌었지만, 때로는 지나치게 많은 말을 하며 참여자의 생각을 듣기보다는 자신의 의견을 더 강조했다. 나는 그의 장점을 유지하면서도, 참여자의 의견을 더 많이 듣고 존중할 수 있도록 세심한 피드백을 제공했다. 결과적으로 그는 자신만의 강점을 유지하면서도 더욱 균형 잡힌 퍼실리테이션 방식을 갖추게 되었다.

이러한 사례들을 통해 사내 퍼실리테이터 교육에서도 참여자의 성향과 특성을 깊게 이해하고 맞춤형 피드백을 제공하는 것이 중요하다는 것을 알 수 있다. 단지 방법론을 전달하는 것이 아니라, 각 개인의 특성을 존중하고 이해하며 맞춤형으로 지원하는 것이 진정한 성장과 변화를 끌어낼 수 있는 것이다.

4단계 워크숍 사내 확산: 문화로 만들기

퍼실리테이터 육성 과정이 마무리되면서 L사는 점차 내부에서 독립적으로 LSP 워크숍을 운영할 준비를 마쳤다. 이러한 철저한 참여자 분석을 통한 설계를 통해, L사는 워크숍뿐 아니라 조직문화 전반에 걸친 긍정적인 변화를 성공적으로 만들어 나갔다. 이후 본격적인 사내 확산 단계로 들어서게 되었다. 이미 몇 차례의 성공적인 워크숍을 경험한 L사의 조직문화팀은 보다 적극적으로 LSP 방법론을 다양한 부서와 주제에 적용하기 시작했다.

초기 워크숍이 주로 조직 비전이나 리더십과 같은 큰 주제 중심이었다면, 이후 워크숍은 보다 실질적인 팀 이슈와 직무 현안 중심으로 세부화되었다. 제품 개발팀을 위한 워크숍에서는 레고를 사용해 제품 개발 과정에서 발생하는 갈등이나 협업 이슈를 직접적으로 다뤘다. 참여자들은 자신이 실제로 겪었던 어려움을 레고 블록으로 시각화하고, 팀원들과 이를 공유했다. 이 과정에서 이전에는 쉽게 드러내지 못했던 민감한 문제들이 자연스럽게 표면화되었고, 참여자들은 서로의 입장을 이해하며 구체적인 해결책을 모색할 수 있었다.

고객 서비스 부서에서는 고객 경험 향상을 위한 워크숍이 진행되었다. 참여자들은 평소 고객과의 접점에서 겪는 어려움과 개선하고 싶은 서비스 요소들을 레고로 표현했다. 이 활동을 통해 참여자들은 고객 서비스 과정에서 미처 생각하지 못했던 새로운 관점을 발견했고, 서비스 품질을 높일 수 있는 창의적 아이디어들이 도출되었다. 특히 참여자들이 레고로 고객의 입장을 시각적으로 표현하면서 공감 능력과 이해의 깊이가 크게 향상되었다고 평가했다.

워크숍 성공 사례가 늘어나면서 점점 더 많은 부서가 자발적으로 워크숍을 요청했다. 이 과정에서 흥미로운 변화가 일어났다. 초기에는 조직문화팀에서 일방적으로 주제나 방향을 설정했다면, 점차 개별 부서들이 직접 자신들의 니즈와 현안을 바탕으로 워크숍 주제를 제안하고 설계 과정에 적극적으로 참여하기 시작한 것이다. 조직 내에 스스로 문제를 발견하고 해결하는 문화가 자리 잡았다는 신호였다.

가장 인상적이었던 것은 조직 내부에서 자생적으로 확산된 '레고 활용 소규모 회의 문화'였다. 워크숍 외에도 팀 단위의 정기 회의나 브레인스토밍 세션에서도 직원들이 레고를 자발적으로 활용하는 모습이 늘어났다. 복잡하고 민감한 주제를 다룰 때도 레고를 통해 의견을 시각화하고 공유함으로써, 보다 창의적이고 효율적인 논의가 이루어졌다.

이처럼 L사는 참여자의 특성과 니즈를 철저히 고려한 맞춤형 LSP 워크숍을 통해 지속 가능한 조직문화 변화의 가능성을 명확히 증명했다. 단순히 교육 프로그램 하나를 도입한 것이 아니라 조직 전체가 참여자 중심의 워크숍 경험을 기반으로 자발적이고 창의적으로 변화하는 문화를 만들어낸 것이다. 결국 교육은 참여자가 주인공이 되도록 설계하는 것이다.

효과적인 세션 구조를
설계하는 법

일반적인 워크숍은 오프닝, 본 세션(세션1, 세션2, 세션N), 클로징으로 구성된다. 워크숍을 기획할 때 가장 많이 고민되는 순간은 본 세션 구조를 짤 때다. 오프닝과 클로징은 상대적으로 정형화되어 있다. 아이스브레이킹, 목표 공유, 소감과 설문 피드백처럼 익숙한 흐름으로 채워지기 때문이다. 하지만 본 세션, 즉 세션 1, 2, 3을 어떻게 설계하느냐에 따라 워크숍의 밀도와 몰입도는 완전히 달라진다. 단순히 활동을 나열하거나 시간을 나누는 것만으로는 충분하지 않다. 참여자가 주도적으로 생각을 확장하고, 레고로 표현해내고, 구성원 간 생각이 연결되는 과정이 필요하다.

효과적인 세션 구조를 설계하기 위한 두 가지 관점을 제시한다. 첫 번째는 LSP의 4단계 핵심 프로세스를 축으로 삼는 것이다. ① 질문 제시 → ② 레고 만들기 → ③ 설명 및 공유 → ④ 생각하기라는 일련의 흐름은 참여자의 인지와 감정, 행동을 유기적으로 연결시켜 준다. 두 번째는 스킬스 빌딩 → 개인 모델 만들기 → 공유 모델 만들기라는 구성 방식이다. 이 축은 참여자의 손과 머리를 움직이며 점차 확장되는 창의적 사고의 경로를 보여준다.

　두 축을 X축과 Y축으로 설정하면, 하나의 평면 안에 다양한 세션 구조를 입체적으로 배치할 수 있다. 각 세션은 시간순으로 나열되는 것이 아니라, 프로세스의 깊이와 참여자의 사고 범위를 함께 고려해야 한다. 이러한 구조는 퍼실리테이터가 워크숍을 설계할 때 '감'이 아닌 '전체 구조'를 파악하고 판단하게 도와준다.

　LSP 워크숍에서 지켜야 하는 본 세션의 흐름은 이처럼 X축과 Y축이 만나는 입체적 구조 위에 놓여 있다. 참여자는 4단계 핵심 프로세스를 따라 움직이며, 동시에 자신의 손을 통해 점차적으로 모델을 확장해 간다. 이 구조 안에서 퍼실리테이터는 각 세션의 목적과 흐름을 정교하게 조율할 수 있다. 다음 내용에서는 X축인 4단계 핵심 프로세스를 세션에 어떻게 녹일지와 Y축인 스킬스 빌딩, 개인 모델, 공유 모델의 흐름을 간략히 소개한다.

실전 가이드 1

세션마다 4단계 핵심 프로세스를 순서대로 따른다

1단계	2단계	3단계	4단계
주제 제시	**레고 만들기**	**공유와 설명**	**생각하기**
퍼실리테이터가 교육 주제를 제시	참여자들이 각자의 생각을 레고로 형상화	각자 만든 레고를 다른 사람에게 설명	개인 또는 조직에 적용을 위한 성찰

퍼실리테이터가 질문을 던지고, 참여자는 질문을 듣고 레고로 표현하고, 결과물을 설명 및 공유하며, 토론과 통찰을 찾아내는 LSP 핵심 프로세스는 직관적이고 쉬운 개념으로 보일 수 있다. 막상 워크숍 교육 주제가 정해지고, 핵심 프로세스를 어디에, 어떻게 써야 하는지 헷갈린다면, 정답은 간단하다. 각 섹션마다 4단계 핵심 프로세스를 따르면 된다.

예를 들어, "우리 팀의 강점은 무엇인가요?"라고 주제를 제시했다면, 겨우 1단계를 끝낸 것이다. 참여자들이 이 질문을 받고 레고 브릭을 이용해 스스로의 생각을 모델로 만들도록 충분한 시간을 배정해야 한다. 이후 모델을 설명하고, 다양한 시각을 경청하며 공유할 수 있게 해야 한다. 마지막으로 모든 모델을 놓고 공통점을 찾아내거나 서로 연결되는 요소를 발견하면서 더욱 깊은 통찰과 아이디어를 끌어낼 수 있도록 깊이 있게 생각하기를 촉진해야 한다. 이처럼 주제 하나하나가 4단계 핵심 프로세스를 처음부터 끝까지 완벽히 거쳐야 참여자들이 LSP의 효과를 경험할 수 있다.

LSP를 운영하는 퍼실리테이터가 흔히 하는 실수는 질문을 제시한 뒤, 강의 자료나 슬라이드를 이용해 추가적인 설명을 덧붙이는 것이다. 참여자들이 더 잘 이해하도록 하는 좋은 의도지만, 퍼실리테이터의 생각이나 의견에 영향을 받아 자신의 생각을 온전히 표현하지 못하는 결과로 이어질 수 있다. 참여자들이 브릭을 만지면서 시행착오를 겪고, 생각을 구체화하는 과정이 중요하므로 질문 후 곧바로 레고 만들기 시간을 제공하는 것이 참여자들의 진정한 창의성을 끌어내는 핵심이다.

1단계에서 2단계 사이에, 조별 토론을 넣는 것도 퍼실리테이터의 흔한 실수이다. 참여자들은 토론을 통해 다른 사람의 의견에 쉽게 영향을 받아 자기 고유의 아이디어를 발견하거나 표현하는 데 방해가 될 수 있어 유의해야 한다. LSP의 본질은 개인의 생각과 느낌을 브릭으로 표현하는 것으로, 다른 사람들의 생각을 듣기 전에 개인이 스스로 모델을 만드는 시간이 반드시 필요하다.

LSP는 간단하고 직관적인 프로세스처럼 보이지만, 실제 세션을 설계할 때는 이런 핵심 원칙을 지키는 것과 지키지 않는 것에 있어 큰 차이를 만든다. 주제 하나마다 4단계 프로세스를 끝까지 충실하게 따르고, 질문에서 레고 만들기로 넘어가는 흐름을 방해하지 않도록 설계할 때, 비로소 LSP의 진정한 가치를 경험할 수 있다. 이러한 원칙을 반영한 세션구조(강점 발견 워크숍) 예시를 간략히 소개한다.

오프닝	워크숍 목적 안내
세션 1	개인의 강점 탐색: "나의 진짜 강점은 무엇인가?" 4단계 핵심 프로세스 적용: 질문 제시 → 모델 제작 → 공유 → 통찰
세션 2	내가 생각하는 우리 팀의 강점 발견: "우리 팀을 특별하게 만드는 강점은 무엇인가?" 4단계 핵심 프로세스 적용: 질문 제시 → 모델 제작 → 공유 → 통찰
클로징	워크숍 정리 및 소감 공유

'강점 발견 워크숍'은 개인에서 팀으로 확장되는 흐름을 만든다. 세션 1에서는 개인의 강점을 탐색하는 질문으로 시작해 자신조차 인지하지 못했던 숨은 강점까지 발견할 수 있도록 설계했다. 참여자들은 "나의 진짜 강점은 무엇인가?"라는 질문을 듣고 레고를 사용해 생각을 시각적으로 표현하게 된다. 참여자는 외부의 영향을 최소화한 상태에서 본인의 내면적 강점에 대한 솔직한 답을 찾을 수 있다.

세션 2에서는 참여자의 관심을 개인에서 팀으로 확대시킨다. "우리 팀을 특별하게 만드는 강점은 무엇인가?"라는 질문을 통해 개인의 관점을 넘어 공동체 관점으로 생각의 범위를 넓힌다. 개인의 강점을 파악한 후 자연스럽게 팀의 강점을 찾도록 연결되면서 참여자들은 자신의 강점이 팀과 어떻게 연결될 수 있는지 명확하게 인지하게 된다. 특히 공유 및 통찰 단계에서는 각자 다른 의견들이 모이면서 팀이 가진 다양한 강점들이 뚜렷하게 드러난다.

이 세션 구조가 좋은 이유는 참여자들이 개인과 팀이라는 두 가지 관점에서 모두 몰입하며 참여할 수 있도록 균형을 잡아주기 때문이다. 개인의 강점 발견에서 시작하여 팀의 강점으로 연결되면서, 참여자들은 서로의 모델과 이야기를 통해 자연스럽게 공감하고, 통합적 관점에서 팀의 정체성을 발견하는 경험을 한다. 결과적으로 이 구조는 강점을 발견하고 인식하는 과정을 명확하고 즐겁게 만들어 워크숍의 학습 효과를 극대화한다.

실전 가이드 2
스킬스 빌딩 → 개인 모델 → 공유 모델로 일방향으로만 흐른다

레고® 시리어스 플레이®의 핵심 구조 중 하나는 '스킬스 빌딩 → 개인 모델 → 공유 모델'로 이어지는 흐름이다. 이는 참여자가 몰입하고 사고를 확장하는 데 필요한 심리적·인지적 흐름이다. 퍼실리테이터가 이 일방향 구조의 의미를 정확히 이해하고 설계해야만, 워크숍이 표면적 체험을 넘어 깊은 학습과 변화로 연결될 수 있다.

가장 먼저 등장하는 스킬스 빌딩(Skills Building)은 브릭을 다루는 데 필요한 기초 역량을 길러주는 단계이다. 참여자가 손을 쓰는 데 익숙해질 뿐 아니라, 레고 모델로 생각을 표현하는 방식에 대한 이해를 돕는 중요한 전환점이다. '생각을 레고로 꺼내고 확장하는 연습, 즉 뇌를 워밍업하는 시간'인 것이다.

스킬스 빌딩을 통해 손이 열리고 표현의 감각을 익힌 참여자는 이후 개인 모델 만들기(Individual Model Building) 단계에서 자신의 생각, 경험, 가치 등을 모델로 구체화하는 과정을 거치게 된다. 이 과정에서는 '정답'이나 '정해진 결과'가 아니라, 자신의 이야기를 자기 방식대로 형상화하는 것이 핵심이다. 이때 모델은 사고의 결과물이자 감정의 그릇이 된다. 참여자는 손으로 생각을 끌어내고, 만든 것을 언어로 해석하며 자기 인식의 깊이를 더해간다.

다음 단계인 공유 모델 만들기(Shared Model Building)는 여러 개인이 함께 하나의 모델을 만드는 과정이다. 협업과 합의, 조율의 과정이며 그룹 간 신뢰를 기반으로 한 의미 구성이다. 중요한 점은 이 과정이 앞선 두 단계를 충분히 거쳤을 때에만 효과적으로 작동한다는 것이다. 스킬스 빌딩 없이 공유 모델을 바로 시도하거나 개인 모델 없이 곧장 협업으로 들어가게 되면, 서로의 생각을 모호하게 이해하거나 자신의 의견을 제대로 표현하지 못한 채 수동적으로 참여하게 된다. 결과적으로 표면적인 합의는 가능하지만 내면의 몰입과 성찰은 일어나기 어렵다.

'스킬스 빌딩 → 개인 모델 → 공유 모델' 구조는 참여자의 몰입 곡선을 설계하는 구조이다. 이 흐름을 따르면 참여자는 점차 자신의 이야기를 외부화하고, 타인의 생각과 연결하며, 협업을 통해 더 큰 의미를 만들어낼 수 있다. 이 과정에서 퍼실리테이터는 진행자 이상의 역할을 하게 된다. 참여자의 사고가 어떻게 확장되는지 설계하고 조율하는 '인지 곡선의 디자이너'가 되는 것이다.

워크숍을 설계할 때는 이 구조를 기준으로 세션 흐름을 배치해야 한다. 예를 들어, 세션 1에서는 스킬스 빌딩과 간단한 개인 모델을 다루고, 세션 2부터는 주제를 중심으로 심화된 개인 모델을 만들며, 세션 3에서 공유 모델과 의미 통합으로 확장하는 구성이다. 이 일방향 흐름은 뒤섞이거나 생각대로 되는 요소가 아니며, 오히려 전체 워크숍의 안정성과 깊이를 결정짓는 핵심 뼈대다.

결론적으로, '스킬스 빌딩 → 개인 모델 → 공유 모델'이라는 일방향 흐름은 LSP의 철학과 실천을 가장 잘 보여주는 구조이다. 퍼실리테이터는 이 흐름을 단순한 순서로 보지 말고, 참여자의 몰입, 확장, 연결을 위한 설계 원칙으로 이해해야 한다. 이러한 구조적 설계는 참여자에게 생각의 질서를 만들어주고, 팀에게는 진짜 의미 있는 대화를 열어주는 열쇠가 될 것이다.

실전 가이드 3
세션의 흐름을 연결하는 법
: 시행착오를 반전의 순간으로 만들기

한 중견기업의 팀워크 강화 워크숍을 진행하던 중이었다. 첫 번째는 역할 인식, 두 번째는 팀의 강점 찾기, 세 번째는 팀의 미래를 설계하는 순서였다. 두 번째 활동이 마무리될 무렵, 뭔가 어긋나고 있다는 걸 직감했다. 평소라면 활기를 띠던 말하기 시간도 예상보다 조용했고, 레고 모델을 설명하는 목소리도 점점 줄어들었다.

워크숍이 끝난 후, 이유를 찾기 위해 몇몇 참여자들과 짧은 피드백 대화를 나눴다. 한 참여자가 솔직하게 말해주었다. "내용은 좋은데 뭔가 끊어지는 느낌이에요. 활동마다 개별적으로는 괜찮았는데 매 세션마다 새로운 주제 같아서, 집중하기 어려웠어요." 세션 하나하나는 뛰어났지만, 하나의 이야기로 연결되지 않았던 것이다.

이후 워크숍 설계 시 전체적인 흐름을 정한 후 각 활동들 간 연결고리를 체크했다. 다음에 진행한 워크숍부터는 확연히 달라진 결과를 경험했다. 첫 번째 활동의 결과물이 두 번째 활동을 자연스럽게 이끌었고, 두 번째 활동은 세 번째 활동으로 매끄럽게 연결됐다. 참여자들의 몰입도는 이전과는 비교할 수 없을 만큼 높아졌다. 세션 구조를 잘 설계하면 참여자의 몰입이 커지고, 워크숍이 하나의 이야기로 완성된다.

세션의 흐름을 연결하는 4가지 질문

LSP 워크숍을 설계하고 진행했는데 막힌 부분이 느껴진다면, 퍼실리테이터로서 아래와 같은 네 가지 질문에 답을 적어 보면 도움이 된다.

- 첫째, 참여자들의 몰입을 끊어지게 했던 세부적인 원인은 무엇이었을까?
- 둘째, 세션 구조를 변경한 뒤, 참여자들의 몰입도가 높아진 구체적인 이유는 무엇인가?
- 셋째, 세션을 자연스럽게 연결하기 위해 퍼실리테이터가 실제로 활용할 수 있는 구체적 기술이나 노하우가 소개되었는가?
- 넷째, 퍼실리테이터로서 처음 경험한 '반전의 순간' 이후 나의 워크숍 설계 방식에 어떤 장기적인 영향을 미쳤는가?

첫째, 참여자들의 몰입을 끊어지게 했던 세부적인 원인은 무엇이었을까?

워크숍에서 참여자들이 몰입을 잃는 이유는 세션 간 유기적인 연결이 부족하기 때문이다. 각 세션이 독립적으로 잘 설계되어도 연결되지 않으면 참여자들은 전체적인 흐름을 잃게 된다. 예를 들어, 레고를 활용한 팀빌딩 워크숍에서 첫 번째 세션은 팀의 강점을 표현하는 활동이었고, 두 번째는 팀의 목표를 설정하는 활동이었다고

하자. 만약 첫 세션에서 도출된 강점들이 다음 세션에서 설정한 목표와 전혀 연결되지 않는다면 참여자들은 당연히 혼란을 느낄 것이다.

둘째, 세션 구조를 변경한 뒤 참여자들의 몰입도가 높아진 구체적인 이유는 무엇인가?

세션 구조를 변경하여 몰입도를 높일 수 있었던 이유는 명확한 목적과 결과물의 연결성 때문이었다. 첫 번째 세션에서 도출된 결과물을 다음 세션의 필수 재료로 사용하게 했다. 예를 들어, 레고로 표현한 개인의 강점과 역량을 두 번째 세션에서 팀의 목표 설정에 직접 반영했다. 참여자들은 앞서 만든 결과물이 다음 세션의 필수 요소라는 점을 인지하고 자연스럽게 몰입했다. 연결된 흐름 덕분에 참여자들은 세션 간 목적을 명확히 이해하고, 전체 워크숍을 하나의 의미 있는 과정으로 인식할 수 있었다.

셋째, 세션을 자연스럽게 연결하기 위해 퍼실리테이터가 실제 활용할 수 있는 구체적 기술이나 노하우는 무엇인가?

세션을 자연스럽게 연결하는 구체적인 노하우는 다음과 같다.
① 세션 끝에 결과물을 스스로 정리하는 시간을 가지는 것이다. 이렇게 하면 다음 세션에서 앞서 나온 결과물과 연결해서 사용할 수 있다.
② 세션이 바뀔 때마다 참여자들에게 다음 세션이 이전 세션과

어떻게 연결되는지를 짧고 명확히 설명하는 것이다. 예를 들어, "앞서 만든 개인의 강점들을 이제 팀 목표 설정에 활용할 것입니다"라는 간단한 안내만으로도 참여자의 몰입이 유지된다.
③ 각 세션에서 나온 결과물은 시각적으로 연결해서 배치하면, 레고로 만든 워크숍 활동 맵을 스스로 볼 수 있다. 그러면 현재 활동은 워크숍에서 어떤 목적으로 쓰이고 있고 목표는 어디로 향하는지 전체를 파악하는 데 도움이 된다. 레고 결과물이 전체로 연결되는 모습을 직접 보여주면 참여자의 몰입도가 확실히 높아진다.

넷째, 퍼실리테이터로서 처음 경험한 '반전의 순간' 이후 워크숍 설계 방식에 어떤 장기적인 영향을 미쳤는가?

    워크숍 설계를 할 때마다 영화감독처럼 각 세션의 자연스러운 흐름을 끊임없이 고민했다. 또한 참여자들이 각 세션의 결과물을 명확히 인지하고 다음 단계로 넘어갈 수 있도록 구체적인 장치를 마련했다. 이 변화로 인해 이후 워크숍에서는 참여자들이 더욱 깊게 몰입하고, 의미 있는 경험을 얻는 경우가 많아졌다. 이 경험은 설계 방식에 지속적인 영향을 미쳤고, 워크숍의 품질을 근본적으로 바꾸는 계기가 되었다.

스킬 빌딩

스킬 빌딩은 LSP의 문을 여는 첫 단계다. 이 과정에서 참여자는 손을 움직이며 점차 브릭을 통해 생각을 표현하는 감각을 익히게 된다. 스킬 빌딩은 레고로 말하는 법을 배우는 첫 시간이다.

실전 가이드 1
스킬 빌딩이 필요한 이유를 이해하자

낯선 프로세스에 익숙해지기

LSP는 4단계 프로세스(주제 제시, 레고 만들기, 공유와 설명, 생각하기)에 따라 진행된다. 프로세스는 단순해 보이지만, 실제로는 손으로 생각을 형상화하고 이를 다른 사람과 공유하며, 깊이 있는 대화를 나누는 과정이다. 스킬 빌딩을 통해 참여자들은 레고 브릭을 도구로 활용하는 법과 프로세스를 자연스럽게 익히는 법을 배운다.

창의적 사고를 자극

스킬스 빌딩은 참여자들이 고정된 사고 패턴에서 벗어나 새로운 방식으로 문제를 탐구하도록 돕는다. 예를 들어, 한 워크숍에서 참여자들은 "자신의 강점을 레고로 표현해 보세요"라는 간단한 과제를 통해 상징과 은유를 활용하는 법을 배웠다. 이 과정을 통해 창의적인 사고를 발휘할 준비를 갖추게 되었다.

심리적 안정감 제공

참여자들이 레고 브릭을 사용하면서 심리적 부담을 느낄 수도 있다. "내가 잘할 수 있을까?" "내가 만든 모델이 다른 사람에게 어떻게 보일까?" 스킬스 빌딩은 이러한 심리적 장벽을 낮추고, 참여자들이 자신감을 갖고 활동에 몰입하도록 돕는다.

실제 사례 1: 기업 팀 빌딩 워크숍

한 글로벌 IT 기업의 팀 빌딩 워크숍에서 참여자들은 LSP 방식을 낯설어했다. 퍼실리테이터는 "오늘의 기분을 레고로 표현해 보세요"라는 간단한 질문으로 스킬스 빌딩을 시작했다. 참여자들은 자신만의 방식으로 브릭을 조립하며 은유를 배우고, 생각을 시각적으로 표현하는 데 익숙해졌다. 이후 진행된 본격적인 세션에서는 팀워크와 협업의 질이 훨씬 향상된 것을 확인할 수 있었다.

실제 사례 2: 비영리 단체의 전략 워크숍

한 비영리 단체는 LSP를 사용해 조직의 비전을 정립하는 워크숍을 진행했다. 스킬스 빌딩에서 퍼실리테이터는 "우리 조직의 핵심 가치를 브릭으로 만들어 보세요"라는 과제를 제시했다. 참여자들은 각자의 아이디어를 표현하며 서로 다른 관점을 이해하게 되었고, 이후 본 세션에서 더 깊이 있는 대화를 나눌 수 있었다.

실전 가이드 2
스킬스 빌딩의 목적: 테크닉, 은유, 스토리메이킹

스킬스 빌딩 단계에서 참여자들은 Technic(테크닉), Metaphor(은유), Story Making(스토리 만들기) 세 가지 핵심 요소를 배운다. 각 요소는 워크숍 과정에서 창의적 사고를 자극하고 심층적인 대화로 이어지도록 도와준다.

Technic: 테크닉 연습

Technic은 참여자들이 레고 브릭을 다루고 조립하는 기술을 익히는 단계로, 이 능력을 통해 자신감 있게 브릭을 활용할 수 있게 된다. 이 단계에서 참여자들은 기본적인 레고 사용 스킬을 체득하며, 이후 복잡한 작업에 대비할 수 있는 자신감을 얻게 된다.

레고 만들기와 친해지는 시간

참여자들은 다양한 종류의 레고 브릭과 부품을 직접 만져보면서 각 브릭의 특징과 가능성을 익히게 된다. 이 과정은 참여자가 레고 사용에 대한 두려움을 없애고, 다양한 브릭이 어떤 방식으로 조립될 수 있는지 감각적으로 이해하도록 돕는다.

구조적 안정성 배우기

탑이나 다리 만들기와 같은 과제를 통해 구조적 안정성을 고려한 조립 방식을 배운다. 워크숍 후반 참여자들은 추상적이거나 현실적인 모델을 조립할 때도 이러한 스킬을 활용해 복잡한 구조를 안정적으로 만들 수 있게 된다.

제한된 시간 내 문제 해결

기술적 과제는 제한된 시간 내에 주어지기 때문에, 참여자들은 효율적으로 조립하고 빠른 결정을 내리는 연습을 하게 된다. 이는 실무에서의 긴급한 상황 대응과 유사한 맥락을 제공한다.

예시 과제

"3분 안에 가장 높은 탑을 쌓아보세요."
"5분 동안 브릭을 이용해 움직이는 물체를 만들어 보세요."

Metaphor: 은유적 사고 익히기

은유는 레고 모델을 통해 추상적인 개념, 감정, 경험 등을 시각적으로 표현하는 과정이다. 이 단계에서 참여자들은 자신이 생각하는 개념을 구체적인 형태로 바꾸는 훈련을 하며, 워크숍의 핵심인 창의적 사고와 자기 표현의 시작점이 된다. 참여자들은 단순한 조립 이상의 의미를 발견하고, 자신의 생각과 감정을 타인에게 효과적으로 전달하는 능력을 키우게 된다.

추상적인 개념의 시각화

레고 브릭을 이용해 '팀워크' '성공' '리더십'과 같은 추상적인 개념을 형상화한다. 예를 들어, 팀워크를 상징하는 레고 모델을 만들 때 서로 연결된 기둥, 다리, 또는 톱니바퀴로 표현할 수 있다.

다양한 의미 부여와 해석

같은 레고 모델이라도 사람마다 다르게 해석할 수 있다. 참여자들은 각자의 관점에서 만든 모델에 의미를 부여하고, 다른 사람들의 은유적 표현을 통해 다양한 인사이트를 얻게 된다.

감정과 경험 표현하기

직장에서의 경험이나 감정을 브릭으로 표현함으로써 복잡한 내면의 이야기를 외부로 드러낼 수 있다. 은유적 표현은 자신을 솔직하게 표현하기 어려운 상황에서 유용하다.

예시 과제

"레고를 사용해 당신이 생각하는 '성공'을 표현해 보세요."

"팀워크란 무엇인가요? 레고 브릭으로 은유적으로 표현해 보세요."

Story Making: 스토리 만들기

Story Making은 자신이 만든 레고 모델에 의미를 부여하고, 이를 바탕으로 스토리를 구성하는 과정이다. 이 단계에서는 모델에 담긴 상징을 통해 경험, 아이디어, 비전을 다른 사람들과 공유한다. 참여자들은 커뮤니케이션 능력과 스토리텔링 기술을 개발하게 되며, 조직 내 커뮤니케이션과 협업에 큰 도움이 되는 스킬을 익히게 된다.

모델의 의미 해석과 설명하기

참여자들은 자신이 만든 레고 모델을 다른 사람들에게 설명하며, 모델에 담긴 의미와 이야기를 전달한다. 이 과정은 말하기 능력과 자기 표현력을 향상시키는 데 도움을 준다.

공유된 이야기 만들기

참여자들이 각자 만든 모델을 조합해 하나의 큰 이야기로 엮는 활동을 진행한다. 예를 들어, 각 팀원이 만든 모델을 이용해 조직의 미래 비전을 스토리로 풀어보는 방식으로 팀원 간 협업과 공동의 목표 설정에 유용하다.

스토리를 통한 피드백과 성찰

참여자들은 다른 사람들의 스토리를 듣고 피드백을 주고받으면서 다양한 관점을 배울 수 있다. 이러한 과정은 자기 성찰과 타인 이해의 기회를 제공한다.

예시 과제

"당신이 만든 모델이 문제를 어떻게 해결하는지 이야기해 보세요."

"각자 만든 모델을 연결해 우리 회사의 미래를 스토리로 만들어 보세요."

세 가지 스킬의 통합과 효과

이 세 가지 스킬은 단독으로도 유용하지만, 통합될 때 더욱 강력한 효과를 발휘한다. Technic을 통해 구조를 만들고, Metaphor로 모델에 의미를 부여하며, 이를 바탕으로 Story Making을 통해 아이디어를 전달하고 협력을 이끌어낸다. 예를 들어, 한 워크숍에서 참여자가 기술적으로 안정적인 탑을 만들고, 이를 은유적으로 회사의 조직도를 표현한 다음, 스토리를 통해 팀의 개선 방향을 제시한다면, 이는 단순한 대화를 넘어 창의적이고 실질적인 문제 해결로 이어질 수 있다.

스킬스 빌딩에는 얼마의 시간이 적당할까?

가장 좋은 시작점은 1시간이다. 1시간은 워크숍의 성공을 위한 단단한 기반을 마련하는 데 이상적인 시간으로, LSP의 세 가지 필수 요소(Technic, Metaphor, Story Making)를 충분히 연습하고 익힐 수 있는 시간이다. 이 세 가지 요소를 단계적으로 학습하면 참여자들이 LSP의 본질적 가치를 체감할 수 있다.

- Technic: 참여자들은 레고 브릭을 조립하고 안정적인 구조를 만드는 기술을 배우며, 자신감을 얻는다.
- Metaphor: 은유적 사고를 통해 복잡한 개념을 시각화하는 방법을 체득한다.
- Story Making: 만든 모델에 스토리를 부여하고, 이를 공유하며 대화와 협업을 촉진하는 능력을 연습한다.

레고를 처음 다루거나 LSP 방식을 접하는 참여자들의 경우 초기에는 긴장하거나 낯설 수 있다. 한 시간은 심리적 장벽을 낮추고 참여에 대한 자신감을 심어주기에 적당한 시간이다. 이 시간 동안 LSP 4단계 프로세스(주제 제시 → 레고 만들기 → 공유와 설명 → 생각하기)를 익히게 되면, 참여자들이 자연스럽게 순서를 이해하고 익숙해질 수 있다. 단순히 과정의 흐름을 익히는 것을 넘어, 각 단계의 중요성을 체감할 수 있다.

실전 가이드 3
스킬스 빌딩에서 해야 할 것 & 하지 말아야 할 것

참여자들이 레고를 활용한 사고와 소통 방식을 스킬스 빌딩을 통해 익히는 동안, 퍼실리테이터는 이 과정을 자연스럽고 효과적으로 이끌어야 한다. 아래는 스킬스 빌딩을 성공적으로 진행하기 위해 해야 할 일과 하지 말아야 할 일을 정리한 가이드다.

해야 할 것

① 명확한 지침 제공하기
- 과제를 설명할 때 간단하고 명료한 언어를 사용한다.
- 시간 제한을 명확히 안내하고, 진행 상황을 체크한다.

② 과정 중심의 피드백 유도
- "이 모델이 무엇을 표현하나요?"와 같은 개방형 질문으로 참여자들이 자신의 아이디어를 더 깊이 탐구하도록 돕는다
- 정답 없음을 강조하고, 참여자들의 표현 방식을 존중하며 피드백을 제공한다.

③ 참여 독려와 분위기 조성
- 처음 레고를 접하는 사람들의 긴장감을 풀기 위한 간단한 미

션부터 시작한다.
- 참여자들의 표현과 은유에 대해 공감하고 칭찬하며 긍정적인 분위기를 조성한다.

④ 균형 잡힌 참여 촉진
- 모든 참여자가 말할 기회를 갖게 한다.
- 참여자 간 상호작용이 이뤄지도록 구성한다.

⑤ 속도와 난이도 관리
- 참여자의 반응을 관찰해 속도와 과제 난이도를 조정한다.
- 예기치 못한 상황에도 참여자들의 몰입이 유지되도록 돕는다.

하지 말아야 할 것

① 정답을 유도하거나 지적하기
- "이건 잘못됐어요" 같은 평가를 하지 않는다.
- 다양한 표현 방식을 존중하며, 정해진 답이 없음을 명심한다.

② 과정의 속도를 강요하기
- "더 빨리 만들어야 해요"와 같은 압박을 가하지 않는다.
- 충분한 시간을 제공하되, 시간을 지키도록 유도한다.

③ 한두 명에게만 초점 맞추기
- 일부 참여자에게만 집중하지 말고, 모든 참여자가 참여할 수 있도록 한다.
- 조용한 참여자도 적극적으로 참여할 수 있는 기회를 만든다.

④ 지나치게 개입하기
- 참여자들이 모델을 만드는 과정에 지나치게 관여하지 않는다.
- 그들이 자유롭게 사고하고 창의적으로 표현할 수 있도록 여지를 남겨둔다.

⑤ 부정적인 피드백 또는 비교하기
- 한 참여자가 만든 레고를 다른 사람이 만든 레고와 비교하지 않는다.
- 모든 모델과 아이디어는 각 참여자의 독창적 표현으로 존중해야 한다.

실전 가이드 4
스킬스 빌딩 커리큘럼 예시

아래 소개하는 스킬스 빌딩 커리큘럼은 신입사원과 팀장 등 다양한 참여자들이 LSP의 핵심 스킬을 효과적으로 익힐 수 있도록 설계한 예시이다.

신입사원 대상 스킬스 빌딩 커리큘럼(1시간)

목표
- Technic | 레고 조립에 대한 기본 기술 익히기
- Metaphor | 직장 내 역할과 감정을 은유적으로 표현하기
- Story Making | 자기 소개와 소통을 위한 스토리 구성 연습

커리큘럼 설명

1. 탑 쌓기 과제(Technic)

　　목적: 레고 조립 기술을 익히고, 제한된 시간 안에서 집중력을 발휘하며 협업 준비 시작

　　설명: 참여자들은 각자 높은 탑을 만드는 데 도전한다. 조립 기술을 연습하면서 손과 뇌의 연결을 활성화하는 동시에 시간 내 결과를 만들어내는 성취감을 경험한다.

2. 나를 상징하는 모델 만들기(Metaphor)

　　목적: 참여자들이 자신을 레고 모델로 시각화하며 창의적이고 은유적인 사고 방식 연습

　　설명: 레고 브릭의 색상, 형태 등을 활용해 자신의 강점이나

성격을 표현한다. 이후 짧게 발표하며, 스토리텔링 능력을 연습한다. 레고 브릭을 활용해 추상적인 형태를 구체적인 물건이나 동물로 표현할 수 있다.

3. 협업의 의미 표현하기(Metaphor+Technic)
  목적: 협업과 소통의 의미를 은유적으로 표현하고, 팀원 간 상호작용을 통해 협력의 중요성 경험
  설명: 각 팀은 협업의 의미를 시각화하는 모델을 함께 만들고, 서로의 아이디어를 통합하며 이해와 소통을 연습한다. 협업의 의미를 표현하는 미션은 하나의 예시로, 회사의 신입사원이 당면한 이슈에 맞춰 주제를 전환해도 좋다.

4. 각자의 모델을 연결해 팀 스토리 만들기(Story Making)
  목적: 개인 모델을 통합해 팀 이야기를 완성하며 협업 능력과 조직 내 역할 이해
  설명: 팀원들은 개인의 모델을 연결하여 팀의 목표나 비전을 나타내는 하나의 통합된 모델을 만든다. 이를 통해 조직 내 역할과 기여를 스토리로 풀어내는 경험을 한다.

5. 공유와 피드백(Story Making)
  목적: 팀이 완성한 스토리를 발표하며 피드백을 통해 아이디어 확장 및 워크숍 정리

설명: 발표를 통해 팀 내 강점과 협업의 성과를 확인하고, 다음 단계로 나아가기 위한 통찰을 도출한다.

커리큘럼 시간표

시간	활동	질문	목표ㅣ설명
0:00 ~ 0:10	탑 쌓기 과제	"3분 동안 가장 높은 탑을 쌓아보세요"	Technic ㅣ 레고 브릭을 조립하며 기본적인 기술을 익히고, 시간 관리 능력 연습
0:10 ~ 0:25	나를 표현하는 모델 만들기	"레고로 나를 상징하는 모델을 만들어 보세요"	Metaphor ㅣ 자신의 강점, 성격 등을 은유적으로 표현하며 개인적인 통찰과 창의적 사를 연습
0:25 ~ 0:40	협업의 의미 표현하기	"우리 팀에서 협업이 어떤 모습인지 시각화해 보세요"	Metaphor+Technic ㅣ 팀워크와 협업의 의미를 브릭으로 표현하며, 팀원 간 소통과 협력의 중요성 체험
0:40 ~ 0:55	각자의 모델을 연결해 팀 스토리 만들기	"개인 모델을 연결해 팀 스토리를 완성하세요"	Story Making ㅣ 팀원들의 개인 모델을 통합하여 하나의 이야기로 완성, 팀워크와 소통 능력 강화
0:55 ~ 1:00	공유와 피드백	• 다른 사람의 모델을 보면서 새로운 관점을 배웠어요. • 모델을 연결하니 더 큰 그림이 그려졌어요.	Story Making ㅣ 완성된 팀 스토리를 공유하고, 상호 피드백을 통해 아이디어를 확장하고 워크숍의 주요 성과 점검

팀장 대상 스킬스 빌딩 커리큘럼 (1시간)

목표
Technic | 레고 조립에 대한 기본 기술 익히기
Metaphor | 리더십과 팀 내 도전 과제를 은유적으로 표현하기
Story Making | 팀 비전을 스토리로 구체화하고 전달하는 연습

커리큘럼 설명

1. 탑 쌓기 과제(Technic)

　목적: 레고 브릭을 다루는 기본적인 기술을 익히고, 제한된 시간 내에서 효율적으로 결과물을 만들어내는 능력 연습

　설명: 각자 레고 브릭으로 가장 높은 구조를 쌓는 데 도전한다.

2. Visual to Text 과제(Metaphor)

　목적: 탑에 은유적 의미를 부여하며, 자신의 리더십 철학을 간결하게 표현

　설명: 탑을 본인의 리더십 스타일로 연결해 해석하고, 이를 대표하는 이름(예: 협력의 탑, 혁신의 기둥)을 붙인다. 이름의 의미를 짧게 공유하며 스토리텔링을 연습한다.

3. 팀의 목표와 도전 과제 표현하기(Metaphor + Technic)

목적: 팀이 직면한 도전과 해결 방안을 창의적으로 시각화하며, 문제 해결 능력 키우기

설명: 각 팀은 팀의 목표와 도전 과제를 레고 브릭으로 표현한다. 해결 방안을 포함한 모델을 구성해 팀원 간 아이디어를 공유한다.

4. 비전 스토리 만들기(Story Making)

목적: 팀원 각자의 비전을 연결해 하나의 통합된 팀 스토리를 구성하며, 팀워크와 전략적 사고 증진

설명: 팀원들이 만든 개별 모델을 연결해 팀 전체의 비전을 나타내는 통합 모델을 제작한다. 이를 스토리로 구성하고 팀 내에서 발표한다.

5. 공유와 피드백(Story Making)

목적: 팀 모델과 스토리를 공유하며, 피드백을 통해 새로운 아이디어를 얻고 성과 돌아보기

설명: 팀은 완성된 모델과 비전을 발표하고, 다른 팀원들로부터 피드백을 받는다. 발표를 통해 워크숍에서 배운 점과 성과를 정리한다.

커리큘럼 시간표

시간	활동	질문	목표 l 설명
0:00 ~ 0:10	탑 쌓기 과제	"3분 동안 가장 높은 탑을 쌓아보세요"	Technic l 레고 브릭을 조립하며 기본적인 기술을 익히고, 제한된 시간 안에서 집중력을 발휘하는 연습
0:10 ~ 0:25	Visual to Text 과제	"각자 만든 탑에 '나의 리더십'을 대표하는 이름을 붙이세요"	Metaphor l 은유를 통해 자신만의 리더십 철학을 시각화하고, 이를 간결한 텍스트로 표현하는 능력 연습
0:25 ~ 0:40	팀의 목표와 도전 과제 표현하기	"당신의 팀이 직면한 도전과 이를 해결하는 방법을 모델로 만들어보세요"	Metaphor + Technic l 팀 목표와 도전 과제를 시각적으로 표현하며, 해결 방안을 창의적으로 도출하고 공유
0:40 ~ 0:55	비전 스토리 만들기	"팀의 미래 비전을 스토리로 풀어보세요"	Story Making l 개인 모델을 연결해 하나의 팀 스토리를 구성하며, 팀의 비전과 전략을 효과적으로 표현
0:55 ~ 1:00	공유와 피드백		Story Making l 팀의 비전과 스토리를 공유하며, 피드백을 통해 아이디어를 확장하고 워크숍의 주요 성과 점검

팀 전체(사원부터 팀장까지 함께 하는) 스킬스 빌딩 커리큘럼(1시간)

목표
Technic | 레고 조립에 대한 기본 기술 익히기
Metaphor | 레고를 통해 팀 내 경험과 도전 과제를 은유적으로 표현
Story Making | 팀 목표와 비전을 스토리로 연결해 협력 강화

커리큘럼 설명

1. 탑 쌓기(Technic)
　　목적: 레고 브릭을 다루는 기본 기술을 익히며, 활동 초반의 긴장감을 완화하고 자연스러운 몰입 유도
　　활동: 참여자들은 제한된 시간 동안 가장 높은 탑을 쌓으며 창의적이고 도전적인 사고 연습

2. 나의 역할 만들기(Metaphor)
　　목적: 각자의 역할을 은유적으로 표현하며, 팀 내에서 자신의 위치와 강점을 이해하고 공유
　　활동: 각자 레고를 사용해 자신이 맡은 역할과 기여를 나타내는 모델을 제작하고, 이를 간단히 설명하며 팀원들과 공유

3. 팀의 미래 비전 만들기(Story Making)

목적: 팀이 1년 후 도달하고자 하는 목표를 시각적으로 나타내며, 비전을 명확히 정의

활동: 팀원들은 팀의 목표를 구체화한 모델을 제작하고, 이를 기반으로 팀의 미래 지향적 사고 도출

4. 팀의 미래 비전 스토리 만들기(Story Making)

목적: 팀원 각자의 모델을 연결해 하나의 통합된 팀 스토리를 만들어, 협업과 전략적 사고 강화

활동: 개별 모델을 하나로 연결하며 팀의 비전을 시각적으로 통합하고, 이를 스토리로 발전시켜 공유

5. 발표 및 피드백(Story Making)

목적: 팀의 비전과 목표를 공유하며, 피드백을 통해 이해와 공감대를 확장하고, 아이디어 발전

활동: 팀은 완성된 모델과 스토리를 발표하고, 다른 팀원들로부터 피드백을 주고받으며 성과 정리

커리큘럼 시간표

시간	활동	질문	목표	설명
0:00 ~ 0:10	탑 쌓기	"3분 동안 가장 높은 탑을 쌓아보세요."	레고 사용법에 익숙해지고, 협업과 경쟁을 통해 긴장감을 완화하며 참여자들이 자연스럽게 활동에 몰입
0:10 ~ 0:20	나의 역할 만들기	"레고를 이용해 당신이 이 팀에서 맡고 있는 역할을 표현해 보세요."	각자의 역할을 은유적으로 표현하며, 팀 내에서 자신의 위치와 기여를 명확히 하고, 이를 다른 팀원들과 공유
0:20 ~ 0:35	팀의 미래 비전 만들기	"우리 팀이 1년 후 도달하고자 하는 목표를 시각화하세요."	팀의 목표와 비전을 레고로 시각화하며, 팀원 간의 공감과 미래 지향적인 사고를 촉진
0:35 ~ 0:50	팀의 미래 비전 스토리 만들기	"각자의 모델을 하나로 연결해보세요."	팀원 각자의 비전을 통합해 하나의 팀 스토리를 만들며, 전략적 사고와 협력을 강화하고 공동 목표 설정
0:50 ~ 1:00	발표 및 피드백	(발표 및 질의응답)	완성된 모델과 스토리를 발표하며, 팀원들 간의 피드백을 통해 목표에 대한 이해를 넓히고 공감대 형성

개인 모델
만들기

개인 모델이 왜 중요한가?

스킬스 빌딩을 끝내고 공유 모델로 가기 전, 개인 모델 만드는 단계를 진행한다. 개인 모델 만들기는 LSP의 본격적인 시작점이자, 참여자가 자신의 생각과 감정을 외부화하는 첫 번째 구조화 작업이다. 이 단계는 각자 머릿속에 떠다니는 생각 조각들을 꺼내어 시각적으로 구체화하는 과정이다. 개인의 내면을 꺼내고, 브릭을 통해 스스로를 구조화하는 경험은 이후 공유 모델로 이어지는 이야기에 '기초 재료'를 제공한다. 다름을 표현할 수 있도록 하는 것. 이것이 개인 모델 단계가 필요한 이유이다.

실제 사례

한 글로벌 IT기업 워크숍에서 "지금의 나는 어떤 상태인가요?"

라는 질문으로 개인 모델을 만들었다. 한 참여자는 레고 브릭을 층층이 쌓은 구조에 작은 문을 만들었지만, 열리지 않음을 강조하는 브릭을 세워두고 말했다. "저는 요즘 회사 안에서는 단단하게 버티고 있지만, 제 안에는 누군가 들어오기를 꺼리고 있어요." 평소 조용하고 성실했던 그가 심리적으로 벽을 느끼고 있다는 걸 팀원들은 처음 알게 되었다. 이처럼 개인 모델은 말보다 먼저 감정을 표현하게 하고, 그 감정이 자연스럽게 공유될 수 있는 안전한 장치를 만들어준다.

개인 모델 만들기에서 드러나는 LSP의 강점
- 무의식적 생각을 손으로 끌어내어 구체화함
- 말로 잘 표현하지 못하는 사람도 '모델'을 통해 자신을 설명할 수 있음
- 상징과 은유를 활용해 자신의 감정, 가치, 동기를 입체적으로 표현할 수 있음

개인 모델 만들기 - 4단계 핵심 프로세스 적용

LSP에서 레고 모델을 만드는 모든 과정은 4단계 핵심 프로세스를 따라야 한다. 질문 제시 → 레고 만들기 → 공유와 설명 → 생각하기라는 이 4단계는 단순한 조립 순서가 아니라, 사고를 구조화하고 대화를 심화시키기 위한 퍼실리테이션의 골격이다. 퍼실리테이터가 '만들기'에만 집중할 경우, LSP의 진짜 힘은 빠져버린다.

다음은 실제 워크숍에서 한 참여자가 '자신의 팀 내 역할'을 개인 모델로 만들며 4단계 핵심 프로세스를 충실히 경험한 사례이다.

1단계 - 질문 제시

퍼실리테이터는 이렇게 질문했다. "당신이 팀에서 가장 중요하다고 생각하는 역할을 레고로 표현해 보세요." 질문은 단순했지만, 강력했다. 참여자는 머릿속에서 자신의 업무, 팀 내 위치, 평소 맡아온 역할을 빠르게 떠올리기 시작했다. 이 질문은 자신의 행동을 되돌아보고, 그 의미를 다시 생각해보게 만드는 심리적 전환점이 되었다.

2단계 - 레고 만들기

손이 먼저 움직였다. 참여자는 자신을 문제 해결사로 여기고, 높은 탑과 다리를 연결한 모델을 만들었다. 탑은 팀의 목표를, 다리는 서로를 연결하는 자신의 역할을 상징했다. 그는 "팀원들이 막힐 때마다 내가 다리를 놓아준다고 생각해요"라고 말했다. 이 단계는 머릿속 생각이 손을 거쳐 구체적 구조로 바뀌는 과정이며, '모양'이 아니라 '의미'를 만드는 시간이다.

3단계 – 공유와 설명

모델이 완성되자, 참여자는 자신이 만든 구조물의 의미를 설명했다. "이 다리는 제가 팀원들을 연결하고, 문제를 해결하도록 돕는 역할을 한다는 걸 보여줘요." 그의 말은 팀원들의 공감을 이끌었고, 말로만 설명했다면 전해지지 않았을 메시지가 모델을 통해 명확하게 전달됐다. 이 단계는 단순 발표가 아니라 자기 해석을 나누고, 타인의 공감을 이끌어내는 '자기 스토리 공유'의 순간이다.

4단계 – 생각하기

설명이 끝난 뒤, 퍼실리테이터는 질문을 던졌다. "이 역할이 팀의 목표에 어떻게 기여하고 있다고 느끼시나요?" 팀원들은 한참을 고개를 끄덕이다가 말했다. "당신의 다리가 없었다면 이 탑은 완성되지 못했을 것 같아요." 이 피드백을 통해 참여자는 단순한 역할 인식에서 벗어나 자신의 기여가 팀의 성공과 직결된다는 통찰을 얻었다.

이처럼 4단계 핵심 프로세스를 따라가며, 참여자들은 자신이 팀에 얼마나 중요한 존재인지 발견하고, 서로를 이해하며 팀워크를 강화한다. 레고를 통해 얻는 통찰은 놀랍도록 깊고, 때로는 예상치 못한 방식으로 우리를 변화시킨다.

개인 모델 만들기 - 퍼실리테이터의 역할

① 혼자 만드는 모델이지만, 혼자 만들도록 두면 안 된다

개인 모델 만들기는 겉보기에는 조용하고 단순해 보일 수 있다. 하지만 퍼실리테이터는 그 고요 속에서 일어나는 개인 내면의 움직임을 감지하고, 몰입을 유도하며 표현을 북돋우는 역할을 해야 한다.

퍼실리테이터가 먼저 해야 할 일은 자유로운 표현이 허용되는 공간을 조성하는 것이다. '어떤 것을 만들어야 한다'가 아니라, '무엇이든 표현해도 괜찮다'는 분위기에서 브릭은 자기 언어가 될 수 있다.

참여자 중에는 "저는 이런 거 잘 못 해요"라고 말하는 사람도 있다. 이때 퍼실리테이터는 결과보다 과정을 강조하며 심리적 진입장벽을 낮추는 안내자가 되어야 한다.

② 손이 멈췄을 때, 개입은 조심스럽게

브릭을 고르지 못한 채 멈춰 있는 참여자가 있다면, 퍼실리테이터는 조심스럽게 다가가야 한다. 직접적인 지시나 해석은 피하고, 선택의 폭을 열어주는 질문을 던지는 것이 좋다.

"지금 마음에 드는 브릭 하나만 골라보세요."

"이건 정답을 맞히는 활동이 아니에요. 그냥 당신만 이해하면 됩니다."

이러한 멘트는 참여자의 손을 움직이게 만들고, 손이 움직이기 시작하면 생각도 흐르기 시작한다. 퍼실리테이터는 침묵을 초조함으로 느끼지 않고, 창작의 한 과정으로 존중하는 태도를 가져야 한다.

③ 해석하지 말고, 질문하라

참여자가 모델을 완성하고 나면 설명의 시간이 주어진다. 이때 퍼실리테이터가 모델의 의미를 짐작하거나 대신 해석하는 것은 금물이다. 모델에 대한 해석은 오직 참여자 자신에게서 나와야 한다. 퍼실리테이터는 중립적인 태도로, 참여자의 해석을 끌어내는 질문자가 되어야 한다.

"이 브릭은 어떤 의미인가요?"
"이 구조 안에서 당신이 가장 중요하게 여긴 부분은 어디인가요?"
"이걸 만들면서 어떤 생각이 떠오르셨나요?"

이런 질문은 참여자 스스로도 몰랐던 의미를 발견하게 하며, "처음엔 그냥 만든 거였는데, 설명하다 보니 제 안의 생각이 정리됐어요"라는 말을 끌어내게 된다.

④ 개인의 표현을 존중하는 태도 만들기

퍼실리테이터는 팀 전체의 분위기를 만들어야 한다. 누군가의 개인 모델이 평가당하는 일이 없도록 분위기를 정리하고, "모든 모델에는 의미가 있고, 모든 이야기는 존중받아야 합니다"라는 메시지를 명확히 전달해야 한다. 또한 스스로 표현하기 어려워하는 참여자를 위해 대체 표현 방식도 제안할 수 있다. 예를 들어, 설명 대신 키워드를 적어보게 하거나 브릭을 가리키며 "이 부분만 말해주셔도 좋아요"라고 유도하는 식이다. '어떻게든 표현되도록 돕는다'는 태도가 중요하다.

⑤ 퍼실리테이터가 사용할 수 있는 말들

퍼실리테이터 역할	목적	사용할 수 있는 말
명확한 질문 제시	참여자들이 모델 제작에 집중할 수 있도록 간결하고 명확한 질문을 제시한다.	"당신의 팀에서 가장 중요한 역할은 무엇인가요?"
심리적 안전감 제공	정답이 없는 과정을 강조하며, 참여자들이 자유롭게 표현할 수 있도록 격려한다.	"지금 떠오르는 대로 손으로 만들어보세요. 틀린 답은 없어요."
손으로 생각하기 강조	손을 움직이며 사고를 구체화하도록 이끈다.	"머릿속 이미지를 손으로 옮기다 보면 더 명확한 아이디어가 떠오를 거예요."
탐구를 위한 질문 유도	참여자가 모델에 담긴 의미를 더 깊이 탐구할 수 있도록 후속 질문을 제시한다.	"이 모델에서 가장 중요한 부분은 무엇인가요?"
팀원 간 피드백 촉진	팀원 간 공감을 이끌어내며 서로의 모델에 대해 피드백을 주고받도록 유도한다.	"다른 팀원들은 이 모델에서 어떤 점이 가장 인상 깊었나요?"
긍정적 마무리 제공	참여자들이 자신과 팀의 기여를 긍정적으로 바라보도록 격려하며 활동을 마무리한다.	"오늘 모델 작업을 통해 여러분이 팀에서 중요한 역할을 하고 있다는 점이 잘 드러난 것 같아요."

실전 질문 가이드 (직접 묻기/은유/스토리메이킹)

개인 모델 단계에서 퍼실리테이터가 던지는 질문은, 참여자들의 몰입을 좌우한다. 좋은 질문은 손을 움직이게 만들고, 막혔던 감정을 끌어올린다. 질문이 추상적이거나 해석의 여지를 넓게 열어줄수록, 참여자는 자신만의 방식으로 응답하게 된다.

퍼실리테이터는 질문을 다음의 세 가지 형태로 구성할 수 있다.

직접 묻기

참여자가 스스로에 대해 생각해 보도록 유도하는 가장 기본적인 방식이다. 질문이 명확하고, 주제가 좁은 만큼 초반에 가장 편안하게 접근할 수 있다.

은유로 묻기

상징, 비유, 형태로 자신의 감정을 표현할 수 있도록 도와주는 질문 형태다. 브릭 자체가 상징적이기 때문에, 은유적 질문은 상상력과 몰입을 끌어올리는 데 효과적이다.

스토리메이킹 반영하기

모델 속에 '이야기 구조'를 담을 수 있도록 유도하는 질문이다. 시간의 흐름, 변화, 사건, 주인공과 배경 등의 구성요소를 염두에 두게 하여 참여자가 모델을 '하나의 장면'으로 상상하게 만든다.

퍼실리테이터는 참여자 상태, 팀 분위기, 워크숍 목적에 따라 이 세 가지 질문 형태를 적절히 조합해 활용할 수 있다. 아래는 워크(업무)와 라이프(개인 삶) 주제로 나눈 실전 질문 예시이다.

워크 관련 질문

조직 안에서의 역할, 몰입, 협업, 성장 등 업무 경험을 표현하게 하는 질문

질문 형태	질문 예시
직접 묻기	• 지금의 나를 팀에서 어떤 역할로 정의하고 있나요? • 업무 중 내가 가장 몰입했던 순간은 언제인가요? • 최근 내가 해결한 문제 중 가장 기억에 남는 것은 무엇인가요?
은유로 묻기	• 나는 팀 안에서 어떤 구조물로 표현될 수 있을까요? • 지금 내 일은 어떤 색깔과 모양을 띠고 있나요? • 내가 속한 조직은 어떤 풍경처럼 느껴지나요?
스토리메이킹 반영	• 내가 처음 이 팀에 왔을 때부터 지금까지의 여정을 표현해 보세요. • 내가 앞으로 조직에서 이루고 싶은 미래의 모습을 구조로 표현해 보세요. • 최근 내가 팀에 기여한 한 장면을 모델로 만들어 보세요.

라이프 관련 질문

정체성, 가치관, 감정, 관계, 기억 등 개인적 차원을 표현하게 하는 질문

질문 형태	질문 예시
직접 묻기	• 나는 지금 어떤 감정 상태에 있나요? • 최근 나에게 가장 큰 의미를 준 경험은 무엇이었나요? • 나를 설명하는 단어 3가지를 구조로 표현해본다면 어떤 모습일까요?

은유로 묻기	• 내 인생을 구조로 만든다면 어떤 모양이 나올까요? • 지금 내 상태를 동물이나 풍경으로 표현한다면 어떤 모습일까요? • 나는 요즘 어떤 색깔의 벽돌로 쌓여 있나요?
스토리메이킹 반영	• 내가 스스로 성장했다고 느낀 순간을 모델로 표현해 보세요. • 지금의 나는 어떤 여정을 지나 이 자리에 왔는지 구조화해 보세요. • 내가 겪은 전환점 하나를 상징적으로 표현해 보세요.

중요한 것은 질문이 정답을 요구하지 않는다는 점이다. 참여자가 브릭을 통해 "지금 이 순간의 나"를 안전하게 표현할 수 있도록 돕는 것, 그것이 퍼실리테이터가 던지는 모든 질문의 출발점이 되어야 한다.

실전 질문 가이드: 두 단계 질문법

LSP 교육설계가 '잘되었다' '잘못되었다'라는 판단은 '어떤 질문을 어떻게 구성했는가?'에서 드러난다. 구체적으로 '두 단계 질문법'을 소개한다. 두 단계 질문법은 레고 만들기를 촉진하는 질문으로 시작하고, 생각을 확장하는 질문으로 끝내는 기술이다. 이 방법은 LSP를 처음 접하는 참여자에게는 '브릭을 활용한 표현'이라는 신선한 경험을 쉽게 하게 만들고, 이미 일정 수준으로 고민을 끝낸 참여자에게는 더욱 깊이 있는 통찰을 이끌어내도록 돕는다.

첫 번째 단계에서는 '레고 만들기를 촉진하는 질문'을 던진다. 이 질문은 단순하면서도 참여자가 브릭으로 무엇을 표현해야 할지 바로 떠올릴 수 있도록 구체적이고 명료하게 설계한다. "우리 팀의 성공적인 미래 모습을 단 하나의 구조물로 표현한다면 어떤 모습일까?" 같은 질문이 대표적이다. 참여자들은 짧은 시간 안에 머릿속 이미지를 브릭으로 형상화하며, 워크숍의 흐름에 빠르게 몰입할 수 있다.

두 번째 단계에서는 '생각을 확장하는 질문'을 통해 레고 모델에 담긴 의미를 한층 더 넓고 깊게 탐색한다. "이 모델이 실제로 현실에서 구현되려면 어떤 준비가 필요할까?" "당신의 모델은 어디까지 성장 가능하다고 생각하는가?" 등의 질문을 던져, 단순히 만든 모델에서 끝나지 않고 더욱 다양한 시나리오를 상상하도록 유도한다. 이 과정을 통해 참여자들은 자신도 몰랐던 통찰을 얻고, 워크숍의 성과를 실제 행동 계획이나 조직의 전략과 연결하게 된다.

두 단계 질문법은 LSP의 장점을 극대화하는 핵심 도구다. 참여자는 간단하고 구체적인 질문을 통해 레고 모델을 형성하며 부담 없이 시작하고, 이어지는 확장 질문을 통해 더 깊고 풍부한 의미를 끌어내며 진정한 가치와 결론에 도달한다. 이는 퍼실리테이터가 의도적으로 질문을 구분하여 설계함으로써, 워크숍을 더욱 몰입도 높고 기억에 남는 경험으로 만들어주는 효과적인 방법이다.

1단계 레고 만들기를 촉진하는 질문

질문법 ① 열린 질문

열린 질문은 참여자의 생각을 제한하지 않고 다양한 아이디어를 자유롭게 떠올릴 수 있게 한다. 예, 아니오의 간단한 답이 아니라 참여자가 자신의 생각을 충분히 탐색하며 깊이 표현할 수 있도록 유도한다. 열린 질문을 사용할 때 참여자들은 부담 없이 자신의 생각과 의견을 드러낼 수 있으며, 워크숍은 더욱 풍부한 아이디어와 창의성으로 채워지게 된다.

| 예시 질문 |

- "우리 팀의 이상적인 미래 모습은 어떤 모습일까요?"
- "이번 프로젝트를 성공시키려면 무엇이 가장 필요할까요?"

질문법 ② 한 번에 하나의 질문

한 번에 하나의 질문만 던지는 것이 좋다. 여러 질문을 동시에 던지면 참여자들은 혼란을 느끼고 생각이 산만해질 수 있다. 퍼실리테이터가 한 번에 한 가지 질문만 명확히 던질 때 참여자들은 질문의 핵심에 집중하여 깊이 있고 명료한 생각을 전개할 수 있다. 질문이 여러 개인 경우라면 반드시 구분하여 단계적으로 질문하는 것이 바람직하다.

| 예시 질문 |

- "우리 팀의 가장 큰 강점은 무엇인가요?"

- "그 강점을 어떻게 활용하면 좋을까요?"

질문법 ③ 단계에 맞는 질문

　LSP는 참여자가 점진적으로 사고를 발전시키고 심화시키는 구조로 이루어져 있다. 따라서 질문 역시 초기 단계에서는 비교적 간단하고 명료한 질문으로 시작해 참여자들이 편안하게 접근할 수 있도록 돕는다. 그 후 단계가 진행될수록 질문의 난이도를 높여 좀 더 깊이 있고 복합적인 생각을 끌어낼 수 있도록 질문을 설계한다.

　이 균형을 맞추기 위해 퍼실리테이터는 참여자들의 반응과 몰입도를 관찰하고, 질문을 단계적으로 발전시켜야 한다. 참여자들이 처음에는 자신의 경험이나 생각을 편안하게 표현하도록 유도하고, 이후 좀 더 분석적이고 창의적인 관점으로 사고하도록 이끈다.

　이처럼 단계적 질문법을 사용할 때 참여자들은 자연스럽게 사고를 확장하며, 워크숍 과정에서 더 깊고 의미 있는 결과물을 만들어낸다.

|예시 질문|

- 초기 단계: "현재 우리 팀이 가진 가장 큰 강점은 무엇인가요?"
- 심화 단계: "그 강점을 미래의 도전에 어떻게 활용할 수 있을까요?"
- 더 심화된 단계: "그 강점을 유지하고 발전시키기 위해 우리가 해야 할 구체적 행동은 무엇일까요?"

질문법 ④ 시각화 촉진

질문은 참여자들이 자신의 생각을 브릭으로 시각화하는 데 직접적인 도움을 주어야 한다. 추상적이거나 막연한 질문보다는 구체적이고 명료한 질문으로 참여자들이 머릿속 이미지를 쉽게 레고 모델로 표현하도록 돕는다. 명확한 시각화를 유도하는 질문일수록 참여자들의 창의적 표현은 더욱 다양하고 생생해진다.

|예시 질문|

- "우리의 이상적인 협력 모습을 레고 모델로 표현한다면 어떤 장면일까요?"
- "이 모델에서 가장 중요한 메시지를 나타내는 부분은 어디인가요?"

질문법 ⑤ 은유적 질문

은유적 질문은 참여자들이 일상적인 사고방식에서 벗어나 창의적이고 혁신적인 아이디어를 발견하게 한다. 직접적이고 구체적인 질문에서 벗어나 상징적이고 은유적인 표현을 통해 참여자들의 사고를 자극하고 새로운 관점을 발견하도록 유도한다. 이러한 질문은 참여자들의 무의식적 사고를 깨워 참신한 아이디어와 깊은 통찰을 이끌어낸다.

|예시 질문|

- "우리 팀을 하나의 동물로 비유한다면 어떤 동물일까요?"
- "이번 프로젝트의 여정을 여행에 비유한다면 어떤 풍경을 만날 수 있을까요?"

> **2단계** 참여자의 생각을 확장하는 질문

질문의 본질은 참여자의 머릿속에 사고의 씨앗을 심고, 그 씨앗이 레고를 통해 창의적으로 꽃 피우도록 돕는 것이다. 질문은 단순한 '대화의 시작점'을 넘어 '생각을 열고 사고를 이끌어내는 핵심장치'이다. 좋은 질문은 참여자의 내면 깊숙이 잠든 경험과 생각을 끌어내고, 워크숍을 창의적이고 몰입도 높은 공간으로 변화시킨다. 그렇다면 퍼실리테이터는 어떤 질문을 던져야 참여자의 적극적 참여를 이끌어낼 수 있을까? 퍼실리테이션 현장에서 직접 검증된 질문법을 소개한다.

질문법 ⑥ 참여자의 경험을 솔직하게 꺼내는 질문

참여자들이 자신만의 경험을 진솔하게 이야기할 때 워크숍은 완성된다. 참여자 개인의 경험을 끌어낼 때 워크숍은 생생해지고 진정성 있는 통찰이 나온다. 이때 퍼실리테이터는 '정답'이 아니라 '이야기'를 요청하는 질문을 던져야 한다. 이 질문은 구체적이면서도 개인의 관점을 존중하는 방식이어야 한다.

|예시 질문|
- "최근 업무에서 가장 인상 깊었던 순간은 무엇인가요?"
- "팀 프로젝트 중 가장 자랑스러웠던 경험은 어떤 것이었나요?"
- "이 문제와 관련해 개인적으로 겪었던 도전은 무엇이었나요?"

질문법 ⑦ 인지적 불균형을 유도해 색다른 생각을 끌어내는 질문

익숙한 사고에서 벗어나 색다른 아이디어를 끌어내고 싶다면, 참여자들의 생각에 의도적으로 약간의 불편함을 주는 질문을 던져야 한다. 이런 질문은 기존의 사고 습관에 균열을 내고, 참여자들이 창의적인 해결책을 발견할 수 있도록 돕는다. 때로는 예상 밖의 질문이 가장 놀라운 아이디어를 만든다.

|예시 질문|

- "만약 내일부터 이 문제 해결 방법을 완전히 바꿔야 한다면 무엇부터 시작할 수 있을까요?"
- "이 해결책이 실패한다면 그 이유는 무엇일까요?"
- "지금 당장 사용할 수 없는 자원을 빼고 이 문제를 해결한다면 어떻게 달라질까요?"

질문법 ⑧ 메타인지를 활성화하는 질문

메타인지는 자신이 무엇을 알고 있는지 아는 능력이다. 참여자들이 스스로의 사고와 감정을 객관적으로 바라보도록 유도할 때, 워크숍의 깊이는 한층 깊어진다. 메타인지적 질문은 참여자들이 무의식적으로 지나쳤던 생각과 행동을 다시 검토하고, 명확하게 정리하도록 돕는다.

|예시 질문|

- "왜 이 방법을 선택하게 되었는지 구체적으로 설명해 줄 수 있나요?"

- "이 모델을 만들면서 자신이 생각했던 것과 실제로 만든 결과물이 어떻게 다른가요?"
- "이 활동을 통해 알게 된 자신의 사고방식은 무엇인가요?"

질문법 ⑨ 능동적 참여를 가속화하는 질문

워크숍의 몰입도를 높이는 가장 빠른 방법은 참여자들을 능동적인 참여자로 바꾸는 것이다. 참여자가 스스로 다음 행동을 계획하고, 워크숍 결과를 개인의 실제 업무나 생활과 연결시키도록 유도할 때, 참여자들의 몰입도는 극대화된다.

| 예시 질문 |
- "오늘의 워크숍을 끝내고 내일부터 무엇을 다르게 행동하겠습니까?"
- "이 레고 모델을 실제 업무에서 활용하려면 어떤 변화가 필요할까요?"
- "워크숍에서 얻은 아이디어 중 가장 빨리 실천할 수 있는 것은 무엇인가요?"

공유 모델
만들기

연결의 힘을 설계하다

공유 모델 만들기는 참여자들이 각자 개인 모델을 기반으로 하나의 통합된 이야기, 구조, 또는 비전을 함께 만들어가는 협업의 단계이다. 아무리 능력 있는 연주자들이 모였다 하더라도 합주를 할 때는 서로 템포를 맞추고, 조율해야 곡이 완성된다.

공유 모델은 이와 같다. 모두의 생각을 하나로 만들기 위한 과정이 아니라, '함께 만든 무언가'를 통해 서로를 더 잘 이해하고 존중할 수 있도록 설계된 협업의 툴이다. 그렇기 때문에 단순한 합의나 구조적 완성보다 공동 창작 과정 그 자체에 의미가 있다.

각자의 다른 관점을 협업적으로 통합해 하나의 의미 있는 구조로 만들 수 있다. 특히 비언어적 협업이 가능하기 때문에, 의견이 충돌하더라도 시각적으로 풀어낼 수 있는 유연함이 있다. 또한 결론이 나지 않는 토론이 될 수 있는 주제라도 모델링을 통해 합의와 통찰을 동시에 끌어내는 것이 가능하다.

공유 모델 만들기 예시

주제	설명
우리 팀이 바라는 이상적인 미래는 어떤 모습인가요?	비전, 전략, 협업 방식 등 통합적 가치 도출
우리가 직면한 가장 큰 도전은 무엇이며, 어떻게 극복할 수 있을까요?	문제 인식 및 공동 해결방안 설계
고객이 우리 브랜드를 경험하는 여정은 어떤 구조인가요?	고객 경험 기반의 공동 스토리 구성

공유 모델 만들기: 4단계 핵심 프로세스의 적용

공유 모델은 개인 모델에서 시작해 팀의 공통된 목표와 비전을 하나로 통합하는 LSP의 중요한 과정이다. 개인 모델에서 공유 모델로 연결되는 과정은 팀원들이 자신이 만든 개인 모델에서 핵심 요소를 선택해 팀의 중심 공간에 배치하는 작업을 통해 이루어진다.

각 팀원은 개인 모델에서 중요한 부분을 선택하여 팀의 비전과 목표에 맞게 통합하고, 이를 통해 공유 모델이 점차 완성된다. 이 과정에서 팀원들은 서로의 아이디어를 통합하며, 협업을 통해 팀의 전체적인 비전을 시각적으로 표현하게 된다. 이 과정은 시뮬레이션 동영상을 직접 보는 것과 유사하다. 개인이 낸 아이디어가 팀 회의에서 자연스럽게 녹아드는 과정을 눈으로 직접 보게 되면서 말이다.

공유 모델 만들기는 LSP의 가장 협업적인 단계이며, 팀이 하나의 이야기와 구조를 함께 만들어 가는 순간이다. 이 단계 역시 질문 제시, 레고 만들기, 공유와 설명, 생각하기라는 4단계 핵심 프로세스를 그대로 따르며, 특히 합의와 통찰, 관계의 전환이 깊이 일어나는 구간이다.

퍼실리테이터는 이 단계에서 참여자들이 '누가 잘했는가'가 아니라 '무엇을 함께 만들었는가'에 집중하도록 안내해야 하며 각 단계의 흐름이 단절되지 않도록 질문과 개입의 균형을 유지해야 한다.

다음은 한 브랜드 마케팅팀이 '우리가 바라는 이상적인 팀의 미래'를 주제로 공유 모델을 만든 사례이다. 이 과정을 통해 4단계 핵심 프로세스가 어떻게 작동하는지를 살펴본다.

1단계 질문 제시

퍼실리테이터는 팀 전체에 질문을 던졌다. "우리 팀이 바라는 이상적인 미래는 어떤 모습인가요?" 질문은 추상적이지만, 참여자 각자의 관점을 끌어내기 충분했다. 이미 앞선 개인 모델 단계에서 '내가 바라는 팀의 방향성'을 표현한 상태였기에, 이 질문은 개인에서 집단으로 사고를 전환하는 계기가 되었다.

2단계 레고 만들기

참여자들은 각자의 개인 모델을 공유하고 그 안에서 공통된 키워드와 상징을 도출했다. '연결성' '고객 중심' '유연한 구조' 등의 개념이 반복되었다. 각 키워드에 해당되는 개인 모델을 가져와서 하나로 통합하고 이를 바탕으로 각자 추가하고 싶은 팀의 모델을 설계하기 시작했다. 어떤 팀원은 브릭으로 구불구불한 다리를 만들어 추가하고, 다른 팀원은 그 위에 고객 피규어를 올리고 팀의 상징으로 삼은 깃발을 꽂았다. 모델은 하나지만 그 안에는 여러 사람의 손과 해석이 섞여 있었다.

이 단계는 논리적 설계가 아니라, 공동 감각을 모아가는 시각적 대화의 장이 된다.

3단계 공유와 설명

모델이 완성되자, 팀원들은 각 파트를 설명하며 모델에 담긴 의미를 해석했다. "이 다리는 우리 팀이 고객과 연결되기 위해 유연하게 움직여야 함을 뜻해요." "이 깃발은 우리 브랜드의 자존감을 표현했어요. 흔들리지만 중심을 잃지 않죠." 이 과정에서 서로의 생각이 맞닿기도 하고, 새롭게 해석되기도 했다.

이 단계는 공동 제작물이 하나의 언어가 되어 팀 전체의 정체성과 방향을 드러내는 시간이다.

4단계 생각하기

마지막으로 퍼실리테이터는 이렇게 물었다. "이 모델 속에서 가장 중요한 요소는 무엇인가요?" "이 구조가 실현되기 위해 우리가 지금 할 수 있는 일은 무엇일까요?" 팀원들은 모델을 바라보며 실제 업무와 연결된 논의를 시작했다.

한 참여자는 말했다. "이 다리가 지금은 완성된 것처럼 보이지만, 사실은 계속 보수 중인 상태예요. 우리 팀도 그렇게 계속 점검하고 조율해야겠죠." 또 다른 이는 "지금 우리의 과제는 이 깃발을 누구나 볼 수 있도록 세우는 일이에요"라고 덧붙였다.

이처럼 생각하기 단계에서는 모델을 단지 하나의 결과물로 보는 것이 아니라, 팀의 현주소와 다음 단계까지 연결하는 살아있는 메타포로 활용하게 된다.

공유 모델 만들기의 진짜 힘은, 무엇을 만들었느냐보다 어떻게 함께 만들었는가, 그리고 그 과정을 통해 서로를 얼마나 새롭게 보게 되었는가에 있다. 퍼실리테이터는 이 4단계 흐름이 끊기지 않도록 설계하고, 모든 참여자가 그 안에서 의미를 발견할 수 있도록 유도해야 한다.

핵심 프로세스의 적용은 단순한 레고 조립을 넘어 팀의 생각을 통합하고 공감대를 형성하는 좋은 방법이다. 팀원들은 각자의 기여가 팀의 비전에 어떻게 녹아드는지 경험하고, 서로의 차이를 이해하며 조화시키는 과정을 배운다. 이 경험은 팀워크를 강화하고, 더 나아가 팀의 목표 달성에 큰 동력을 제공한다.

공유 모델 만들기: 퍼실리테이터의 역할

1. 개인 모델에서 공유 모델로 가는 길은 일방통행이다

공유 모델은 개인 모델의 연장선에서 출발한다. 개인 모델을 통해 자신의 관점을 외부화한 다음, 그것을 바탕으로 팀의 공통된 언어를 형성하고, 공유된 의미를 구축해 나간다. LSP에서 개인의 목소리를 내는 과정은 필수이다. 각자의 창의적인 아이디어가 팀 전체의 비전으로 통합되는 시작점이기 때문이다. 퍼실리테이터는 개인에서 팀으로 아이디어가 자연스럽게 이어질 수 있도록 그 통로를 잘 설계해야 한다.

조별 과제를 진행하는 워크숍에서 팀원은 보통 5~6명으로 구성된다. LSP의 철학은 '개인의 목소리를 존중하고, 이를 바탕으로 팀의 공통된 목표와 비전을 만들어 가는 것'인데, 목소리가 큰 사람이나 경력이 많은 사람이 주도적으로 활동하면 다른 사람들은 입을 닫을 수 있다. LSP는 각자의 이야기로 큰 그림을 완성하는 과정임을 잊지 말아야 한다. 퍼실리테이터는 각 팀원의 목소리가 조화를 이루어 큰 그림을 완성할 수 있도록 돕는 역할이며 이 과정을 설계하고 지켜내는 사람이다.

2. 공유 모델이 잘 이뤄지도록 퍼실리테이션 하는 법

공유 모델을 만드는 과정에서는 팀마다 다양한 돌발 상황이 발생한다. 퍼실리테이터는 각 상황에 적절히 개입하고 흐름을 조율하며, 모델 제작이 의미 중심의 협업으로 이어지도록 도와야 한다.

대화와 합의 없이 혼란스러운 조립을 할 때

참여자 모두가 동시에 브릭을 만지게 되면 대화와 합의 없이 중구난방으로 모델이 만들어질 수 있다. 퍼실리테이터는 역할을 분담하고 시간 제한을 설정하거나, 브릭을 추가하기 전에 팀 내 합의 절차를 도입하면 질서를 회복할 수 있다. 퍼실리테이터는 팀원들에게 역할을 분담하고, 각자 브릭을 추가할 때 그 의미를 설명하도록 유도하여 모든 팀원이 집중하고 조화롭게 모델을 만들도록 돕는다.

- 예시: "팀워크는 합창이지 소음이 아니에요! 각자의 목소리가 들려야 조화가 나옵니다."

리더십 갈등이 생길 때

모두가 리더가 되려 하거나, 특정 구성원이 모델을 독점하려는 상황에서는 브릭 배치를 두고 의견 충돌이 생길 수 있다. 퍼실리테이터는 팀 내 리더 역할에 대한 명확한 기준을 제시하고, 각자의 강점을 살려 역할을 분담하는 방법을 도입할 수 있다. 퍼실리테이터는 각 팀원의 의견을 골고루 반영할 수 있도록 중재하고, 리더 역할을 순환시켜 모든 팀원이 리더십을 경험할 수 있게 유도한다.

- 예시: "모두가 운전대를 잡으면 차는 제자리에서 맴돌 뿐이에요"

스토리 없이 조립만 진행될 때

모양은 멋지지만 의미가 빠진 모델은 전시품에 불과하다. 퍼실리테이터는 각자 브릭을 조립할 때 그 이유와 메시지를 묻고, 팀 전체가 그 의미를 함께 이해하도록 유도한다. 퍼실리테이터는 각 팀원이 브릭을 추가하기 전에 그 브릭의 의미와 모델에 어떻게 기여하는지를 이야기하게 함으로써 스토리를 강화할 수 있다.

- 예시: "레고는 건물을 짓는 게 아니라 이야기를 세우는 도구예요"

소외되는 팀원이 생길 때

적극적인 몇 명이 주도하는 사이, 조용한 참여자는 역할을 잃고 방관자가 될 수 있다. 퍼실리테이터는 모든 사람이 참여할 수 있도록 발언 기회를 순차적으로 주거나 포스트잇 작성 등 다양한 표현 방식을 도입해야 한다.

- 예시: "모두의 생각이 연결돼야 진짜 공유 모델이에요. 조립만 한다고 공유되는 게 아니랍니다!"

시간을 초과하고 있을 때

모델 제작이 지나치게 길어지면 마무리 없이 끝날 수 있다. 퍼실리테이터는 시간대를 분할해 '개인 모델 공유 - 통합 설계 - 조립 - 피드백'의 순서를 명확히 나누고, 중간중간 진행 상황을 점검하게 해야 한다.

- 예시: "레고 워크숍은 마라톤이 아니라, 방향이 있는 여행이에요. 목적지를 잊으면 안 돼요!"

3. 공유 모델을 시작할 때 퍼실리테이터가 해줄 수 있는 말

공유 모델을 처음 시작할 때, 참여자들은 막연함이나 부담감을 느낄 수 있다. 퍼실리테이터는 협업의 시작을 부드럽게 열어주고, 각자의 기여가 팀 전체의 그림을 완성한다는 메시지를 반복적으로 전달해야 한다.

"각자의 모델이 공유 모델로 연결될 때, 우리는 혼자서는 볼 수 없었던 더 큰 그림을 함께 발견하게 됩니다. 마치 각자의 색이 모여 아름다운 그림을 완성하듯, 여러분의 아이디어가 팀의 비전을 더욱 풍성하게 만듭니다."

참여자들이 공유 모델을 시작하는 과정을 어려워할 때, 개인의 기여가 팀 전체의 비전에 어떻게 연결되는지를 이해하도록 돕고, 과정 자체를 긍정적이고 즐거운 경험으로 여길 수 있도록 격려해야 한다. 위의 메시지를 반복적으로 전달하며 협력의 가치를 강조하는 것이 좋다.

개인 모델의 중요성을 강조

"여러분이 만든 개인 모델은 팀의 공유 모델을 만드는 데 매우 중요한 출발점입니다. 공유 모델은 개인 모델이 사라지는 것이 아니라, 각자의 아이디어와 강점이 팀 전체의 비전 안에서 더 큰 의미를 갖게 되는 과정이에요. 여러분의 생각과 관점은 반드시 공유 모델 안에 포함될 겁니다. 그러니 걱정하지 말고 자신의 모델이 가진 의미를 자신 있게 표현해 주세요."

개인 모델의 가치를 설명함으로써 팀 모델에 기여할 수 있는 자신감을 심어준다. 또한 공유 모델이 모든 개인 모델의 통합물임을 명확히 설명하여, 각자의 아이디어가 소중히 여겨지고 있다는 점을 강조해야 한다.

협력의 가치와 비유 사용하기

"여러분이 만든 개인 모델은 퍼즐 조각처럼 소중한 한 부분입니다. 퍼즐의 각 조각이 고유한 모양과 역할을 하듯 여러분의 모델도 팀 모델을 완성하는 데 없어서는 안 될 중요한 역할을 합니다. 모든 조각이 맞춰졌을 때 팀의 큰 그림이 완성된다는 것을 잊지 말아주세요."

개인의 기여가 팀 모델의 완성에 필수적임을 비유적으로 설명하고, 참여자들이 자신의 역할에 자부심을 느끼도록 격려하는 것이 효과적이다.

질문과 경청의 중요성 강조하기

"타인의 모델을 연결하기 전에, 먼저 각자의 모델에 담긴 이야기를 충분히 들어보는 것이 중요합니다. 서로의 모델에 대해 질문을 던지고 경청하며, 어떤 메시지를 담고 있는지 이해하려고 노력해 보세요. 이 과정은 단순히 모델을 합치는 것을 넘어 팀의 목표와 방향성을 명확히 정하는 데 큰 도움이 될 거예요."

경청과 질문을 통해 팀 내 소통과 이해를 촉진하고, 모델 연결의 시작점으로 대화와 공감을 강조하는 것이 중요하다.

완벽한 모델이 아니어도 괜찮다고 안심시키기

"공유 모델을 만들 때 가장 중요한 것은 완벽함이 아니라, 팀의 생각과 목표를 함께 탐구하는 과정이에요. 레고 모델은 언제든 변형할 수 있고, 여러분의 팀이 앞으로 협력하며 더 발전시킬 수 있는 기반이 됩니다. 지금은 아이디어를 자유롭게 연결하고 표현하는 데 초점을 맞춰주세요."

참여자들이 공유 모델 제작 과정에서 완벽함에 대한 부담을 덜도록 돕고, 모델이 고정된 결과물이 아니라 유연한 발전 도구임을 강조하는 것이 중요하다.

공유 모델 만들기: 실전 질문 가이드

공유 모델 만들기는 개인 모델을 바탕으로 조직 또는 팀의 관점을 통합해 하나의 구조를 만들어 가는 과정이다. 따라서 퍼실리테이터는 질문을 통해 개인의 조각들이 하나의 그림으로 엮일 수 있는 장을 마련해야 한다. 질문이 모호하거나 너무 기술적으로 흐르면 모델은 방향을 잃고, 반대로 질문이 명확하되 열려 있으면 팀은 자연스럽게 협업의 중심으로 모인다.

  퍼실리테이터는 질문을 세 가지 형태로 구성할 수 있다.

<u>직접 묻기</u>
주제와 관점을 명확하게 제시하여, 팀이 빠르게 핵심을 공유할 수 있도록 유도한다.

<u>은유로 묻기</u>
직접적인 표현보다 팀의 정체성, 조직문화, 관계 구조 등을 상징적으로 표현하게 유도한다.

<u>스토리메이킹 반영하기</u>
팀의 목표, 전략, 변화의 흐름 등을 시간의 흐름이나 사건의 구조로 시각화하도록 돕는다.

  이 과정에서 퍼실리테이터는 워크숍의 대상과 목적에 맞는 질문을 선택해야 한다. 특히 '조직 전체'를 대상으로 하는 공유인지, '하나의 팀'을 대상으로 하는 공유인지에 따라 질문의 크기와 방향이 달라진다.

조직 관점 질문 (Organization)

조직의 비전, 구조, 변화, 고객 관점 등을 시각화하고 전략화하는 질문

질문 형태	질문 예시
직접 묻기	• 우리 조직이 앞으로 3년 안에 이루고자 하는 가장 중요한 목표는 무엇인가요? • 조직 전체가 함께 해결해야 할 구조적 문제는 무엇인가요? • 우리 조직의 현재 상태를 한 마디로 표현한다면?
은유로 묻기	• 우리 조직을 하나의 시스템/도시/기계로 표현한다면 어떤 구조인가요? • 지금 이 조직은 어느 계절, 어느 시간대에 있다고 느껴지나요? • 우리 조직은 고객에게 어떤 문(입구)처럼 느껴질까요?
스토리 메이킹 반영	• 과거-현재-미래, 세 시점을 조직의 흐름으로 시각화해 보세요. • 이 조직이 겪은 가장 큰 변화의 순간을 재구성해 봅시다. • 조직의 '이상적인 하루' 혹은 '미래의 모습'을 모델로 표현해 봅시다.

팀 관점 질문 (Team)

협업 방식, 팀 분위기, 역할, 소통, 관계 중심의 모델을 만드는 질문

질문 형태	질문 예시
직접 묻기	• 지금 우리 팀이 함께 이루고 싶은 일은 무엇인가요? • 우리 팀이 잘하고 있는 점, 부족한 점은 무엇인가요? • 이 팀 안에서 각자의 역할이 어떻게 연결되어 있나요?
은유로 묻기	• 우리 팀을 하나의 구조물/생물/교통수단으로 표현한다면 어떤 모습인가요? • 지금 우리 팀의 분위기는 어떤 풍경이나 날씨에 가까운가요? • 우리 팀의 관계 구조를 탑, 다리, 고리 등으로 표현한다면 어떤 모습인가요?
스토리 메이킹 반영	• 우리 팀의 협업이 가장 잘 되었던 순간을 장면처럼 재현해 보세요. • 우리가 함께 만든 성과 중 하나를 상징적으로 표현해 봅시다. • 새로운 구성원이 합류했을 때의 '팀의 적응 이야기'를 모델로 만들어 봅시다.

활용 팁

퍼실리테이터는 '조직 관점'과 '팀 관점' 중 어디에 초점을 맞출지를 먼저 정해야 한다. 조직 관점의 질문은 주로 리더십 워크숍이나 비전 얼라인, 전략 수립과 같은 큰 틀의 논의에서 활용된다. 이때 참여자들은 조직을 하나의 시스템으로 바라보며, 구조나 방향성을 시각화하는 데 집중한다. 반면 팀 관점의 질문은 팀빌딩, 온보딩, 조직문화 진단, 갈등 조정처럼 구성원 간 관계와 협업 방식에 초점을 둔다. 이 경우 질문은 좀 더 구체적이고 일상적인 팀 경험을 중심으로 구성된다.

두 관점은 상황에 따라 유연하게 혼합할 수도 있다. 예를 들어, 조직 전체의 비전을 공유 모델로 먼저 만들고, 각 팀이 자신들의 역할이나 기여를 팀 공유 모델로 구체화하는 방식이 있다.

중요한 것은 워크숍의 목적과 맥락에 따라 질문의 무게중심을 조율하는 일이다. 같은 브릭이라도, 어떤 질문으로 이끌어가느냐에 따라 전혀 다른 모델과 대화가 탄생할 수 있다.

스킬스 빌딩부터
개인 모델, 공유 모델을 연결하는 워크숍 설계안

개인 모델에서 공유 모델로 가는 흐름은 단순히 절차상 순서가 아니다. 참여자가 충분히 자신을 표현하고 탐색한 뒤에야 비로소 의미 있는 팀의 소통과 진정한 협력이 가능하다는 것을 보여주는 핵심 원칙이다. 때로는 돌아가는 길이 가장 빠른 길이라는 사실을, 이 원칙을 통해 깨닫게 된 순간이었다. 아래는 오프닝부터 클로징까지 개인 모델에서 시작해서 공유 모델로 완성하는 세션 구조를 설명한 내용이다.

① 오프닝: 목적 설명과 스킬스 빌딩

공유 모델을 만들기 전, 워크숍의 목적을 명확히 정하는 것이 중요하다. 예를 들어, 팀의 비전, 프로젝트 목표, 도전 과제와 해결책 등을 설정할 수 있다. 퍼실리테이터는 참여자들에게 워크숍의 목적을 명확히 전달하고, 스킬스 빌딩에서 LSP 연습을 하고, 개인 모델이 공유 모델로 발전되는 과정을 설명해야 한다. 참여자들이 이해하고 몰입할 수 있도록 돕는 것이 핵심이다.

② 개인 모델 만들고 공유하기

이 단계에서는 참여자들이 각자 자신의 개인 모델을 만들고, 그 안에 담긴 아이디어를 공유한다. 이때 참여자들이 긴장을 풀 수 있도록 간단한 아이스브레이킹 활동을 추가하는 것도 좋다. 퍼실리테이터는 참여자들이 서로의 생각을 존중하고 공감할 수 있는 환경을 조성하는 역할을 해야 한다.

퍼실리테이터는 "각자 모델의 핵심 메시지에 주목해주세요"와 같은 지침을 제공하여 경청을 촉진할 수 있다. 또한 "이 모델에서 가장 중요한 부분은 무엇인가요?"와 같은 질문을 통해 아이디어가 더 구체화될 수 있도록 유도한다. 이 단계는 참여자들이 서로를 깊이 이해하고, 개별적인 아이디어가 팀의 목표와 어떻게 연결될 수 있는지를 발견하는 중요한 기회이다.

③ 공통 핵심 요소 선택하기

개인 모델에서 공통된 핵심 요소를 선택하는 단계이다. 참여자들이 각자의 모델에서 중요한 요소를 제시하고, 이를 공유 모델의 기반으로 삼아 팀의 목표와 방향성을 반영하게 된다. 퍼실리테이터는 중립적으로 조율하면서 참여자들이 중요하다고 생각하는 요소들을 시각화하고 정리하는 과정을 돕는다. 이때 포스트잇을 사용해 공통된 키워드를 시각적으로 정리하면 효과적이다.

퍼실리테이터는 "어떤 요소가 우리 팀의 목표를 가장 잘 나타내나요?"와 같은 질문을 통해 참여자들이 선택한 요소가 공유 모델에 적합한지 점검하도록 하고, "다른 아이디어도 포함할 방법을 찾아볼까요?"라고 물어 다양성을 수용하며 팀의 비전을 확장하도록 돕는다. 이 단계는 팀의 공통된 비전을 도출하고 공유 모델의 기반을 다지는 중요한 순간이다.

④ 통합 작업: 공유 모델 제작

개인 모델의 핵심 요소들을 통합하여 공유 모델을 만드는 단계이다. 각 참여자가 자신의 개인 모델에서 중요한 부분을 공유 모델에 추가하면서 팀의 주제를 반영한 새로운 구조를 완성하게 된다. 중요한 부분을 떼어내 새로운 모델로 구성하고, 각 요소를 연결하여 팀의 목표와 방향성을 시각적으로 나타내는 것이 이 과정의 핵심이다.

퍼실리테이터는 이 과정에서 협업을 촉진하고, 참여자들이 각자의 기여 요소를 공유 모델에 추가할 때 어떤 점을 고려해야 하는지 질문을 던져야 한다. 예를 들어, "이 요소를 공유 모델에 추가할 때 어떤 점을 고려하면 좋을까요?"와 같은 질문을 통해 참여자들이 더 깊이 생각하고 협력할 수 있도록 유도한다. 또한 "이 연결이 무엇을 상징하는지 참여자들과 논의해 보세요"라는 지침을 통해 의사소통을 지원하고, 팀의 주제를 반영한 구조를 완성하도록 돕는다.

⑤ 공유 모델에 대한 이야기 만들기

완성된 공유 모델에 팀의 스토리를 부여하는 단계이다. 팀원들이 개인적인 경험이나 비유를 활용해 공유 모델을 설명하도록 유도하면 더 큰 공감대가 형성될 수 있다. 각 부분이 의미하는 바를 설명하고, 이를 통해 팀의 목표와 비전을 구체화하는 시간이다. 참여자들이 자신이 추가한 부분을 설명하면서 전체적인 스토리를 정리하고, 공유 모델의 핵심 메시지를 간단한 문장으로 요약한다. 이 과정은 참여자들이 공유 모델에 대한 공감대를 형성하고, 팀의 비전을 강화하는 중요한 시간이다.

퍼실리테이터는 "이 공유 모델이 우리 팀의 목표를 어떻게 표현하나요?"와 같은 질문을 던져 참여자들이 모델의 의미를 명확히 이해하도록 돕는다. 또한 "이 모델이 우리의 공통된 비전을 잘 보여주나요?"라고 물어 참여자들이 모델에 대한 공감대를 형성하고, 스토리텔링을 통해 팀의 비전을 강화하는 데 기여하도록 한다.

⑥ 피드백과 클로징

공유 모델을 기반으로 발전 가능성을 논의하는 단계이다. 팀 목표를 더 잘 나타내기 위해 모델을 수정 보완하면서 참여자들이 수정의 이유를 명확히 설명하도록 유도하여 팀의 방향성을 더욱 명확히 한다. 퍼실리테이터는 참여자들에게 피드백을 유도하고, 그 피드백을 반영하여 공유 모델을 개선할 기회를 제공해야 한다.

"이 모델이 우리가 바라는 결과를 잘 나타내고 있나요?"와 같은 질문을 통해 참여자들이 공유 모델을 다시 한번 점검하고, 개선할 부분을 찾도록 유도한다. 또한 "이 공유 모델을 기반으로 다음 단계에서 무엇을 실천할 수 있을까요?"와 같은 질문을 통해 구체적인 행동 계획으로 연결될 수 있도록 돕는다. 이 단계는 팀이 공유 모델을 바탕으로 더 나은 방향으로 나아갈 수 있는 발전 기회를 제공하는 중요한 시간이다.

<4시간 프로그램으로 세션 구성안>

시간	단계	설명
0:00~0:20 (20분)	오프닝 워크숍 목적 설명하기	워크숍의 목적(팀 비전, 목표, 도전 과제 등)을 명확히 설명한다.
0:20~1:20 (1시간)	스킬스 빌딩 테크닉, 메타포, 스토리메이킹 연습하기	레고® 시리어스 플레이® 방법론을 연습하는 시간
1:20~2:00 (40분)	개인 모델 만들고 공유하기	참여자들이 자신의 개인 모델을 제작하고, 그 안의 아이디어를 팀원들과 공유한다.
2:00~2:30 (30분)	핵심 요소 선택하기	개인 모델에서 중요한 핵심 요소를 선택해 공유 모델의 기반으로 삼는다.
2:30~3:00 (30분)	통합 작업 공유 모델 제작	개인 모델의 핵심 요소를 통합하여 팀의 공유 모델을 만든다.
3:30~3:50 (20분)	공유 모델에 대한 이야기 만들기	공유 모델에 의미와 스토리를 부여하며 팀의 목표와 비전을 설명한다.
3:50~4:00 (10분)	피드백 및 클로징	공유 모델을 점검하고 발전 가능성을 논의하며 구체적인 실행 방안을 도출한다.

활동 예시	퍼실리테이터 역할
"우리 팀의 성공적인 미래를 나타내는 모델을 만들어봅시다."	• 팀의 비전을 시각화할 주제 전달 • 참여자들이 이해하고 몰입할 수 있는 환경 만들기
테크닉 ǀ "가장 높은 탑을 쌓으세요" 메타포 ǀ "우리 팀에서 가장 든든한 멤버를 레고로 표현해 보세요." 스토리메이킹 ǀ "위기 상황에서 우리 팀은 어떻게 행동하나요? 그 장면을 레고로 만들어보세요."	• 탑쌓기를 통해 레고 브릭의 조립 연습 • 팀 내 역할과 강점을 비유적으로 표현하는 연습 • 팀의 협업 방식과 대응 전략을 이야기 형태로 시각화
"이 모델에서 가장 중요한 부분은 무엇인가요?"	• 각자가 모델의 핵심 요소 설명 • 경청과 공감의 분위기 조성
"이 요소가 팀 목표에 가장 적합한가요?"	• 개인 모델에서 중요한 요소 선택 • 포스트잇이나 메모지로 공통된 키워드 시각화 • 중립적으로 조율하며 핵심 요소 정리
"이 연결이 무엇을 상징하는지 논의해보세요"	• 중심 공간에 공유 모델 제작 • 각자의 기여 요소 추가 • 구조를 연결하고 의미 부여
"이 모델에 더 추가하거나 수정할 점은 없나요?" "이 공유 모델이 우리의 공통된 비전을 잘 보여주나요?"	• 공유 모델의 핵심 메시지를 문장으로 요약 • 스토리 정리 및 공감대 형성
"이 모델을 기반으로 어떤 행동을 실천할까요?"	• 피드백 유도 및 수정 방향 제시 • 공유 모델을 구체적 행동 계획과 연결하여 발전 기회 제공

레고® 시리어스 플레이® 교육설계서

교육 개요

- 교육명: _____
- 교육대상/인원: _____
- 날짜 및 시간: _____

사전 분석

- 교육 목적: 워크숍을 통해 이루고 싶은 목표와 기대 성과는?
- 참여자: 참여자의 특성(직급, 연차, 기대사항 등)을 간략히 적으세요.
- 주제 선정: 이번 워크숍에서 핵심적으로 다룰 주제는 무엇인가요?

세션 구성안

- 스킬스 빌딩: 참여자가 레고 활용에 익숙해지도록 도와주는 질문과 활동은?

  질문 예시: _____
- 개인 모델: 개인의 생각을 이끌어내는 핵심 질문을 작성하세요.

  질문 예시: _____
- 공유 모델: 개인의 생각을 팀으로 연결할 핵심 질문은?

  질문 예시: _____

시간표 구성

시간	단계	활동 및 질문
	오프닝	
	스킬스 빌딩	
	개인 모델	
	공유 모델	
	클로징	

사후 관리

- 레고 결과물 관리 계획: 워크숍에서 나온 레고 모델을 어떻게 기록하고 활용할지 적으세요.
- 피드백 및 개선점: 참여자 피드백과 진행 후 개선할 사항을 기록하세요.

4장
Reality
실제 레고® 시리어스 플레이®는 어떻게 진행되는가?

Reality

워크숍 설계와 운영을 위한 퍼실리테이터 실전 가이드

워크숍의 참여자가 바뀌거나 목적이 달라지면 퍼실리테이터는 처음부터 다시 설계를 고민하게 된다. 그런 경험이 반복될수록 현장은 언제나 변수를 품고 있다는 걸 느끼게 된다. 정답은 하나가 아니며, 그중 어떤 것이 지금 필요한 현답인지 퍼실리테이터가 찾아야 한다.

나는 지금까지의 워크숍 경험을 바탕으로 현장의 목적과 맥락에 따라 여섯 가지 대표 유형(전사 워크숍, 리더십 워크숍, 팀워크 워크숍, 온보딩 워크숍, 개인 코칭 워크숍, 문제 해결 워크숍)으로 정리하여 각 유형의 맥락과 설계 방향을 소개한다. 여기에 담긴 내용은 어디까지나 이해를 돕기 위한 기본 구성 예시다. 실제 워크숍을 진행할 때는 조직의 현황과 목표, 참여자의 특성에 맞춰 질문과 활동을 새롭게 설계해야 한다.

따라서 이 장을 읽을 때는, 제시된 구조를 그대로 적용하기보다 각 상황에 맞게 변형하고 조율하는 과정을 반드시 거쳐야 한다. 그래야만 워크숍이 조직의 목표와 팀의 흐름에 맞는 살아있는 설계가 될 수 있다.

워크숍 설계와 운영을 위한 퍼실리테이터 실전 가이드

단계	세부 항목	실전 포인트
워크숍 기획	목적 정의	• 이번 워크숍을 통해 참여자 또는 조직이 달성하고자 하는 최종 목적은 무엇인가?
	핵심 질문 설계	• 참여자에게 던질 주요 질문은 무엇인가? • 이 질문은 워크숍의 흐름을 이끌 수 있는가?
	참여자 분석	• 스킬스 빌딩 → 개인 모델 → 공유 모델별로 질문이 준비되어 있는가? • 참여자 수, 소속, 직급 등은 어떻게 구성되어 있으며, 팀은 어떤 기준으로 나눌 것인가? • 그룹 다이내믹은 어떤가?
	시간 및 공간 확보	• 전체 워크숍 소요 시간은 얼마이며, 어떤 공간 구성이 필요한가? • 대체 공간이 필요한 상황은 어떤가?
	레고 키트 및 자료 준비	• 사용해야 할 레고 키트 종류와 추가 준비물은 무엇인가? • 예비 키트나 교체 브릭은 준비되어 있는가?
	사전 커뮤니케이션	• 참여자에게 사전에 어떤 정보(목적, 준비물, 분위기)를 어떻게 안내할 것인가? • 분위기 조성을 위한 메시지는 준비되었는가?
워크숍 운영	오프닝 및 목적	• 교육 목적을 누가 어떻게 전달할 것인가?
	스킬스 빌딩	• 레고를 다루는 기본 테크닉과 스토리텔링 방식에 익숙해지도록 어떤 활동을 준비할 것인가? • 참여자의 긴장을 어떻게 풀 것인가?
	개인 모델 만들기	• 개인이 스스로 생각을 탐색하고 표현할 수 있는 질문은 무엇인가? • 질문 방식(직접/은유/스토리)은 어떤 조합이 적절한가?
	공유 모델 만들기	• 조별 활동을 통해 아이디어를 통합해 공통의 목표를 시각화하도록 어떤 흐름과 협업 구조를 설계할 것인가?
	인사이트 도출 및 공유	• 각 모델에서 도출할 핵심 인사이트는 무엇인가? • 참여자 간 스토리 공유 방식은 어떻게 구성할 것인가?

워크숍 이후	결과물 정리 및 기록	• 레고 모델, 스토리, 인사이트를 어떻게 기록하고 공유할 것인가? • 내부 공유 방식은 문서화, 사진, 영상 중 어떤 형태로 할 것인가?
	후속 워크숍 또는 코칭 계획	• 심화 세션이나 점검 모임이 필요한가? • 후속 일정은 언제로 계획할 것인가?
	행동 및 변화 추적	• 워크숍 이후 변화가 실제로 나타났는지를 어떻게 추적하고 측정할 것인가? • 추적 질문 또는 관찰 포인트는 무엇인가?

- 여기에 제시되는 여섯 가지 유형과 커리큘럼은 정답이 아니라 샘플이다.
- 조직의 목적·규모·문화에 따라 언제든 조정·재설계하고 현장에서 바로 쓸 수 있는 실전 포인트에 초점을 맞춘다.
- 워크숍 기획-실제 운영-그 이후 각 단계마다 무엇을 체크해야 성공 확률이 높아지는가를 안내한다.

지금 준비하고 있는 워크숍 상황과 가장 가까운 유형부터 펼쳐보면 된다. 그 안의 구조와 질문, 흐름을 진행하고자 하는 워크숍 방향과 상황에 맞게 수정하고 덧붙이면서 더 현실적으로, 더 의미 있게 만드는 베이스로 활용되길 바란다.

전사 워크숍
조직문화와 비전 공유

전사 워크숍 목적은 조직 전체가 같은 방향을 보게 하려는 것

전사 워크숍은 조직 전체의 비전과 방향성을 공유하는 데 초점을 둔다. 조직의 목표와 변화를 구성원 모두가 이해하고 자기 언어로 받아들이도록 돕는 것이 목적이다.

전사 워크숍은 조직 전체가 같은 방향을 바라보고 움직이기 위해 필요한 과정이다. 그러나 비전이나 전략을 일방적으로 전달하는 것만으로는 구성원의 공감을 끌어내기 어렵다. 이때 LSP를 활용하면, 참여자들이 손으로 생각하고, 눈으로 확인하며, 마음으로 비전을 받아들이게 만들 수 있다. 직급과 부서가 섞인 구성에서 공감대를 형성하는 데 효과적이며, 기업의 리브랜딩, 비전 선포, 신사업 출범 등 큰 전환점을 맞는 시기에 활용도가 높다.

퍼실리테이터 실전 가이드

전사 워크숍은 '비전 공유'와 '조직문화 혁신'을 목표로 설계되었다. 각 단계는 아래 표와 같이 세부적으로 준비된다.

전사 워크숍 – 퍼실리테이터 실전 가이드
비전 공유와 조직문화 혁신을 목표로 설계

단계	세부 항목	실전 포인트
워크숍 기획	목적 정의	조직 전체가 비전을 공감하고 자기 언어로 받아들이도록 돕는 것이라는 맥락하에 현재 조직의 상황을 반영한 세분화가 필요하다.
	핵심 질문 설계	"우리는 어디로 가고 있는가?" "조직의 미래를 나는 어떻게 해석하고 있는가?" 같은 열린 질문이 효과적이다.
	참여자 분석	직급, 부서가 다양할수록 공감대 형성 장치가 필요하다. 개별 테이블 구성은 가능한 한 부서 혼합으로 배치하면 부서 간 커뮤니케이션을 활발하게 유도할 수 있다.
	시간 및 공간 확보	큰 홀에서 진행할 경우, 조별 거리감 없이 대화가 가능하도록 배치한다.
	레고 키트 및 자료 준비	Starter Kit + Identity and Landscape Kit을 섞어서 조별로 다양한 레고 사용하도록 진행 조별 인원이 상이할 경우 예비용 레고를 준비
	사전 커뮤니케이션	레고로 만들고 생각을 표현하는 자리임을 안내, 가벼운 복장 안내 (전사가 모이는 자리에서 개인 의견을 내야 하는 상황은 부담스러울 수 있다. 각자 만든 레고 모델을 설명하는 자리임을 안내)

워크숍 운영	오프닝 및 목적	이번 워크숍의 목적을 소개한다.
	스킬스 빌딩	'나를 표현하는 브릭' '우리 팀의 현재 모습' 등을 가볍게 워밍업으로 활용한다. '공감'이나 '장벽' 같은 키워드가 잘 나온다.
	개인 모델 만들기	"현재 우리 조직의 모습은?" "내가 바라는 조직의 방향은?"을 주제로 구성. 참여자가 자발적으로 조직과 자신의 연결 지점을 탐색할 수 있도록 유도한다.
	공유 모델 만들기	팀마다 개인 모델에서 공통된 조직의 미래 모델을 뽑고 우선순위를 협의해 완성한다.
	인사이트 도출 및 공유	공유 모델을 통해 도출된 조직의 핵심 가치나 방향성에 대한 해석의 다양성을 확인할 수 있다.
워크숍 이후	결과 정리	워크숍 종료 후 모델 사진 + 스토리 요약 > 전사 뉴스레터, 사내 공유회 개최
	후속 워크숍 또는 코칭 계획	후속 리더십 워크숍이나 부서 단위 피드백 세션으로 확장할 수 있다.
	행동 및 변화 추적	조직문화 변화(심리적 안전성, 협업 지수), 비전 이해도 조사 등 3/6/12개월 단위 점검

워크숍 기획의 포인트

- 전사 워크숍의 성공은 시작 전에 결정된다. 가장 중요한 것은 '왜 이 워크숍을 하는가'를 명확히 하는 것이다. 이번 워크숍은 단순한 정보 전달이 아닌, 구성원 각자가 비전을 자기 일처럼 느끼고, 조직문화를 자기 손으로 바꿀 수 있다는 가능성을 확인하게 하는 데 목적이 있다.
- 핵심 질문을 정리하고, 다양한 직급이 섞인 팀 구성을 통해 위계가 아닌 관점 중심의 대화를 유도한다. 공간은 충분히 넓고

테이블 이동이 자유로운 곳을 확보하고, 참여자들에게는 사전 안내를 통해 '말 잘하는 사람'이 아니라 '손으로 생각하는 사람'이 되어야 함을 강조한다.

워크숍 운영 흐름

- 워크숍은 스킬스 빌딩에서 개인 이야기를 레고로 표현하면서 심리적 장벽을 낮추는 것부터 시작한다. 이후 '현재 조직' '미래 조직'이라는 두 가지 모델링 과정을 거치며 각자의 시각을 시각화한다.
- 공유 모델 만들기에서는 공통점을 찾고 우선순위를 매기는 과정을 거치면서 조원 간 대화가 원활히 이뤄지도록 구성한다. 이 과정에서 자연스럽게 '우리 조직이 진짜 필요한 변화'에 대한 통찰이 도출된다.

워크숍 이후 활용

- 워크숍 그 자체로 끝나서는 안 된다. 참여자들의 모델과 스토리를 기록하고, 이를 조직 내 공유하여 집단의 기억으로 남긴다. 후속 프로그램을 기획해 심화 논의를 이어가고, 실제 조직 문화나 비전 실행 과정에서 변화를 추적하는 기준을 설정한다.
- 후속 세션을 기획하자. 전사 단위 이후에는 부서 단위 워크숍, 리더십 심화 세션 등으로 자연스럽게 흐름을 확장할 수 있다. 이 흐름이 조직 내 '레고 퍼실리테이션 문화'의 출발점이 된다.

리더십 워크숍
전략적 사고와 리더십 개발

리더에게 LSP가 유용하다

리더십 워크숍의 참여자는 대부분 조직의 중간관리자나 핵심 리더들로 자기 분야에서 성과를 낸 사람들이다. 학습에 익숙하고, 워크숍 경험도 많고, 설계와 흐름을 금세 파악한다. 교육 담당자로서는 웬만한 방식으로는 감흥을 주기 어렵기 때문에 부담감이 있다.

이들은 스스로 공부하고 성장하는 사람들이라 지식에 대한 기대치가 높고, 단순한 이론 강의나 활동 중심 워크숍은 뻔하다고 느끼기도 한다. 무엇보다 '리더'라는 역할은 보여지는 자리에 있기 때문에 말 한마디, 행동 하나에도 무게가 따른다. 그래서 솔직해질 수 있는 분위기를 만드는 것이 무엇보다 중요하다.

이럴 때 LSP는 단단하고도 유연한 해법이 된다. 리더는 늘 말에 책임이 따르지만, 브릭 위에서는 말보다 해석이 앞선다. "이게 맞는 말일까?"를 고민하기보다 "내가 만든 모델이 말하는 건 이거예요" 라고 자연스럽게 풀어낼 수 있다. 리더십처럼 정의가 모호하고, 서로 다른 경험과 철학이 존재하는 주제에서는 이런 표현의 도구가 대화를 안전하고 풍부하게 만들어준다. 누군가의 리더십이 더 옳거나 더 훌륭한 게 아니라, 각자가 살아온 리더의 모습이 다르다는 걸 형상화된 모델을 통해 나눌 수 있다는 것, 그게 바로 LSP의 강점이다.

또한 개인의 리더십 이야기에서 시작해, 조직이 기대하는 리더의 모습으로 확장하는 데도 효과적이다. 공유 모델을 만들면서 각자의 가치와 시선을 모아 조직만의 리더십 행동원칙이나 문화 언어로 발전시킬 수 있다. 결국 중요한 건 '정답'을 찾는 게 아니라, 리더들 간의 관점이 자연스럽게 연결되는 구조를 설계하는 것이다. LSP는 그 과정을 덜 부담스럽게, 그러나 진정성 있게 만들어준다.

LSP에서 자주 다루는 리더십 주제

리더십 워크숍은 조직의 핵심 리더들이 모여 조직의 방향을 재확인하고, 리더로서의 역할과 언어를 정비하는 자리다. LSP 활용한 리더십 워크숍은 리더 간 해석 차이를 좁히고, 새로운 리더십 문화나 행동 원칙을 함께 만들어가는 과정에 적합하다. 리더의 역할, 조직의 방향성, 리더십 행동을 통합적으로 다루는 만큼 그 안에서 다양한 주제들이 설정될 수 있다. 워크숍의 목적과 시기에 따라 다음과 같은 주제들이 자주 사용된다.

주제	특징 및 목적
조직의 비전 재정비	조직이 향하는 방향을 리더들이 공유하고, 스스로의 언어로 재해석하여 구성원에게 전달할 수 있도록 돕는다
리더십 행동 원칙 정립	팀 리더로서 갖춰야 할 행동 기준과 태도, 언어를 재정의하고 공유하는 과정
전략적 사고 훈련	복잡한 이슈에 대한 구조적 사고와 우선순위 설정 능력 개발
역할 재정의와 정체성 탐색	리더로서 나의 역할과 영향력을 재정비하고, '나는 어떤 리더인가'를 탐색
세대 간 리더십 문화 조율	MZ와 베이비부머 등 다양한 세대가 함께 있는 조직에서 리더십 언어와 리듬을 재조율
리더십 피드백 연습	실시간 피드백을 연습하고, 수용성과 전달력을 키우는 실습 중심 워크숍

리더십 워크숍 – 퍼실리테이터 실전 가이드

LSP는 리더들이 자신의 리더십 철학을 브릭으로 표현하고, 공유하면서 상호 이해와 협업 기반을 다지는 데 탁월하다. 특히 직책과 연차가 다양한 리더들이 모였을 때, 레고는 기존 위계 없이 진짜 '관점의 대화'를 가능하게 하는 도구가 된다. 아래 제시한 리더십 워크숍은 전략적 사고와 리더십 개발을 목표로 설계되었다.

리더십 워크숍 – 퍼실리테이터 실전 가이드
[목표: 전략적 사고 & 리더십 개발]

단계	세부 항목	실전 포인트
워크숍 기획	목적 정의	리더의 전략적 사고 확장, 성과관리에 대한 본질적 이해, 리더십 정체성 강화
	핵심 질문 설계	"조직이 마주한 핵심 과제는 무엇인가?", "이 과제를 리더로서 어떻게 분석하고 대응할 것인가?"
	참여자 분석	팀 리더, 실무 책임자 등 실행과 전략을 동시에 요구받는 중간관리자층에 효과적
	시간 및 공간 확보	조별 협업과 전략 보드 구성이 가능한 넓은 공간 확보, 시각 자료 활용을 위한 칠판/화이트보드 필요
	레고 키트 및 자료 준비	Starter Kit + Identity Kit (리더십, 전략 모델링용)
	사전 커뮤니케이션	워크숍에서 실질적인 조직 이슈를 다룰 수 있도록, 사전 과제 또는 브리핑 자료 제공 권장
워크숍 운영	오프닝 및 스킬스 빌딩	"나의 리더십을 상징하는 레고 모델 만들기" (리더 개인 성찰)
	개인 모델 만들기	"내가 직면한 복잡한 과제는 무엇인가?", "이 문제를 어떻게 구조화해볼 수 있을까?"를 주제로 설계
	공유 모델 만들기	조별로 핵심 이슈를 정의하고 전략을 브릭으로 구조화 > 조직의 전략 지도 그리기
	인사이트 도출	전략 수립 시 빠뜨리기 쉬운 요소(가정, 리스크, 역학)를 되짚어보는 브릭 기반 발표 및 코멘트
워크숍 이후	결과 정리	리더십 선언문 정리 + 워크숍 스토리 사진/요약 > 조직 리더십 커뮤니티에 공유
	후속 워크숍 또는 코칭 계획	리더십 심화 세션(1:1 코칭, 멘토링 프로그램) 연계
	행동 및 변화 추적	리더십 행동 변화(피드백 문화, 성과 창출 방식 등) 3/6/12개월 관찰 및 평가

워크숍 기획의 포인트

- 리더 워크숍은 단순한 기술 습득이 아니라, 사고방식 자체를 확장하는 것이 목표다. 따라서 시작 단계에서 참여자들에게 '정답을 찾는 훈련'이 아니라 '새로운 연결과 해석을 찾는 탐험'임을 강조해야 한다. 구성은 팀장급 이상 리더로 구성하고, 독립성과 몰입을 위해 조용하고 프라이빗한 공간을 준비하는 것이 좋다.
- 공식과 비공식의 경계를 허물어야 진짜 대화가 시작된다. 리더십은 역할과 존재의 경계선에 있다. '내가 맡은 역할'이 아닌, '내가 진짜 되고 싶은 리더'에 대한 이야기를 꺼낼 수 있도록, 안전한 분위기 조성이 선행되어야 한다.

워크숍 운영 흐름

- 오프닝에서는 각자의 리더십을 모델링하며 스스로에 대한 성찰을 시작한다. 이어서 현재 리더십과 미래 리더십을 비교하는 모델링을 통해 변화의 방향을 시각화한다. 공유 모델 만들기에서는 팀 차원에서 '공통된 리더십 가치'를 찾아내고, 이를 전략 모델과 연결하는 과정으로 자연스럽게 넘어간다. 공유 방식은 리더 개인의 리더십과 조직 전략이 어떻게 연결되는지를 구체적으로 보여준다.
- 리더는 공개적인 자리에서 '틀릴 수 없는 말'을 하려는 경향이 있다. 그래서 레고를 활용해 간접화된 표현(은유, 이미지, 상징)

을 먼저 꺼내고, 그 이후 추가적인 생각이나 의견을 말하도록 가이드하는게 중요하다.

워크숍 이후 활용
- 워크숍에서 도출한 리더십 선언문과 스토리는 조직 내 리더십 커뮤니티에 공유하고, 이후 일대일 코칭이나 멘토링 프로그램으로 연계하여 실질적인 행동 변화를 지원한다. 변화 추적은 단기(3개월), 중기(6개월), 장기(12개월)로 나눠 체계적으로 관리한다.
- 리더 간 대화를 지속시키는 후속 워크숍을 계획하면 좋다. 리더들끼리 서로의 철학을 공유하는 시간은 흔치 않다. 워크숍 이후 이를 다시 꺼내볼 수 있는 라운드테이블, 피드백 세션 등을 제안하자.

팀빌딩 워크숍
문제 해결과 협업 강화

팀워크 워크숍에서
레고® 시리어스 플레이®가 유용한 이유

함께 일하는 방식이란, 단순한 협업의 기술이 아니라 관계의 온도와 방향의 일치에서 비롯된다. 팀워크 워크숍은 바로 이 지점을 되짚는 자리다. 진짜 팀워크를 이야기하려면, 누군가를 비난하지 않으면서도 갈등을 꺼내고, 다름을 말하면서도 하나의 그림을 함께 그려야 한다. LSP는 바로 그 지점에서 빛을 발한다.

첫째, 레고는 안전한 대화를 가능하게 만든다.
브릭이라는 매개는 '말로 하면 불편한 이야기'도 비교적 가볍고 솔직하게 꺼낼 수 있게 해준다. 서로의 감정, 기대, 불만을 모델로 표현하고 이야기하면, 상대를 향한 공격이 아니라 상황을 향한 진단이 된다. 이 과정에서 팀은 서로의 관점을 이해하게 된다.

둘째, 시각화는 통찰을 만든다.

각자가 만든 팀의 현재 모델은 생각의 차이를 드러내고, 팀의 미래 모델은 방향의 공통분모를 찾아낸다. 이는 단순한 회의로는 도달하기 어려운 수준의 대화와 정렬을 가능하게 한다. 구성원들은 손으로 만든 구조물을 보며 함께 해석하고, 토론하고, 선택한다.

셋째, 함께 만드는 공유 모델은 팀을 하나로 묶는 힘이 있다.

개인 모델을 바탕으로 의견을 조율하고, 팀의 공통 목표나 가치를 브릭으로 형상화하는 과정은 협업을 이끌어낸다. 이 과정에서 팀은 서로의 강점을 확인하고, 각자의 역할과 기여를 시각적으로 인식해, '우리가 함께 만든 것'에 대한 공동의 소속감이 생긴다.

결국 팀워크 워크숍에서 LSP는 말보다 깊이 있는 대화를 끌어내는 '시각적 협업'의 도구다. 팀의 리듬을 조율하고, 팀 안의 다양한 목소리를 연결해주는 촉진 장치로서, 팀워크를 근본적으로 재설계할 수 있는 기회를 제공한다.

팀빌딩 워크숍 - 퍼실리테이터 실전 가이드

팀은 조직의 가장 기본적인 단위다. 하지만 팀워크가 약해지거나 소통에 문제가 생기면, 아무리 뛰어난 개인이 있어도 성과를 내기 어렵다. LSP는 팀 안에 잠재된 문제를 '손'과 '눈'으로 드러내고, 새로운 협업 방식을 찾아가는 데 매우 효과적이다.

팀 단위 워크숍은 "우리 팀은 지금 어디에 있고, 어디로 가야 하는가"를 스스로 찾아가는 여정이다. 레고 모델을 통해 말로는 꺼내기 어려운 문제를 자연스럽게 드러내고, 새로운 협업 방식을 직접 설계하는 경험을 제공한다.

팀빌딩 워크숍 – 퍼실리테이터 실전 가이드
[목표: 문제해결과 협업 강화]

단계	세부 항목	실전 포인트
워크숍 기획	목적 정의	갈등 해소, 신뢰 회복, 협업 방식 점검 등 현재 팀이 당면한 이슈를 명확히 한다. "우리 팀이 왜 이 워크숍을 하는가?"를 리더와 함께 구체화한다.
	핵심 질문 설계	"우리 팀이 잘 되고 있는 점과 문제점은 무엇인가?" "협업과 소통을 어떻게 개선할 수 있을까?"
	참여자 분석	팀 규모, 최근 조직 변화(이직, 리더 변경 등), 구성원 간 관계성을 고려해 팀 내 역동을 사전 파악한다. 사전 인터뷰가 큰 도움이 된다.
	시간 및 공간 확보	3~6명 소그룹이 중심이 되는 공간 배치. 팀 간 거리감을 줄이되, 각 조가 몰입할 수 있는 적정한 간격 확보.
	레고 키트 및 자료 준비	Starter Kit 위주. 필요한 경우 Landscape Kit을 보완해 활용. 예비 브릭을 넉넉히 준비하고, 스티커나 팀 이름표 등의 도구를 추가로 제공하면 효과적이다.
	사전 커뮤니케이션	"성과가 아닌 관계를 위한 시간", "잘 말하는 것이 아니라 서로의 생각을 꺼내는 시간"이라는 워크숍 목적을 안내한다. 불편한 팀원과의 대면이 예상될 경우, 중립적 공간임을 강조한다.

워크숍 운영	오프닝 및 목적	"우리는 왜 여기에 모였는가?"를 질문하고, 이번 워크숍의 목표와 기대를 함께 선언하는 시간으로 시작한다. 긴장을 푸는 아이스브레이킹이 중요하다.
	스킬스 빌딩	"현재 우리 팀의 분위기, 협업 방식을 표현하는 모델 만들기" 자연스럽게 감정과 관점을 드러내는 기회를 제공한다.
	개인 모델 만들기	주제 1: 팀 내에서 내가 느끼는 강점과 문제 표현 주제 2: 협업이 잘 되는 조건 표현
	공유 모델 만들기	팀원 각자의 관점을 통합해 '우리가 함께 바라는 팀의 모습'을 구축한다. 의사소통 방식, 신뢰, 협업 등을 시각화하며 우선순위를 합의하는 과정이 중요하다.
	인사이트 도출	공유 모델에서 드러난 공통 가치나 우려 지점을 중심으로, 앞으로 팀이 지켜야 할 행동 약속 또는 키워드를 함께 정리한다.
워크숍 이후	결과물 정리 및 기록	공유 모델 사진과 함께 도출된 키워드, 행동 약속을 정리해 팀 내부에 공유한다. 비공식적인 회고 시간을 팀 스스로 갖게 해도 좋다.
	후속 워크숍 또는 코칭 계획	실행 계획 점검 미팅, 협업 문화 점검 워크숍 추가 기획
	행동 및 변화 추적	협업 만족도, 회의 효율성 지표를 기준으로 3/6개월 후 비교 분석

워크숍 기획의 포인트

- 팀 단위 워크숍은 현재 팀이 어디에 강점이 있고, 어디에 병목이 생기는지를 스스로 발견하게 하는 것이 핵심이다. 사전에 참여자들에게 '우리가 문제를 찾아내야 한다'는 공감대를 조성하는 동시에, 이 워크숍이 서로를 비난하기 위한 자리가 아님을 명확히 해야 한다. 참여자는 한 팀 단위로 묶되, 필요에

따라 협업하는 팀끼리 모아도 좋다. 문제 복잡도에 따라 2시간 압축형, 4시간 심화형을 선택할 수 있다.
- '지금 이 팀에게 필요한 질문'이 무엇인지 고민한다. 같은 주제라도 팀의 상황에 따라 전혀 다른 질문이 필요하다. 최근 팀에 무슨 일이 있었는가? 팀원들이 무엇을 말하지 못하고 있는가? 이에 따라 질문의 초점을 '정서 회복'에 둘지, '관계 재정립'에 둘지 결정한다.
- 팀 리더와의 사전 소통이 중요하다. 리더가 어떤 기대를 가지고 있는지, 현재 팀 상황을 어떻게 인식하고 있는지 파악하는 과정이 워크숍 설계의 출발점이 된다. 가능하다면 팀 구성원에 대한 간단한 인터뷰도 함께 진행한다.
- 팀의 감정 온도에 맞는 세팅을 한다. 팀 내 긴장감이 높을 경우, 첫 워크숍에서는 '생산성'보다 '감정 표현'에 집중하는 것이 안전하다. 반대로 팀워크가 어느 정도 회복된 상태라면, 명확한 과제를 설정하고 성과 기반 논의로 진행해도 좋다.

워크숍 운영 흐름

- 워크숍 초반에는 각자가 느끼는 팀 분위기와 협업 스타일을 모델링하며 자연스럽게 팀 안의 다양한 시각을 드러낸다. 이후 개인 모델을 합쳐 팀 전체의 문제 구조를 만든다. 공유 모델 만들기에서는 갈등 지점을 구체화하고, 원인과 결과의 흐름을 구조적으로 시각화한다. 마지막으로 '이상적 협업 모델'을 만

들며 실행 방향을 설정한다.

- 말보다 브릭으로 말하게 한다. 감정이 얽힌 주제일수록, 말로는 방어하고 브릭으로는 솔직해지는 현상이 생긴다. 설명보다 먼저 "브릭으로 표현해 보자"고 유도하면 참여자의 진심을 더 쉽게 끌어낼 수 있다.
- 팀원 간 '소리 없는 합의'가 나타나는 순간을 주목하라. 공유 모델을 만드는 과정에서, 서로의 모델 일부를 가져오거나 묵묵히 누군가의 제안을 따를 때, 말 없이도 감정의 정렬이 이뤄질 수 있다. 이런 순간을 놓치지 않고 "지금 어떤 생각으로 이 구조가 나왔나요?"라고 묻는다면, 팀워크의 핵심 인사이트를 얻을 수 있다.

워크숍 이후 활용

- 팀 전체가 만든 문제 모델과 해결 모델을 시각적으로 기록하고 공유한다. 후속으로는 실행 점검 미팅을 통해 실질적인 변화를 모니터링하고, 필요시 심화 워크숍을 추가 기획할 수 있다. 협업 만족도나 회의 만족도 같은 정성적 지표를 3개월, 6개월 후 비교하여 워크숍 효과를 측정하는 것도 좋은 방법이다.
- 워크숍이 끝난 다음날이 더 중요하다. 많은 팀이 워크숍 당일의 감정은 기억하지만, 실제 업무에 변화가 연결되지 못하는 경우가 많다. 퍼실리테이터가 직접 추적하지 못하더라도, 리더에게 "3주 후 이 약속들이 유지되는지 확인해보세요" 같은

실천 메시지를 함께 전달한다.

- '좋았던 분위기'로 끝나는 것을 경계하라. 유쾌하고 따뜻한 시간이었지만, 구체적 실행이나 구조적 합의가 없었다면 변화는 일어나지 않는다. 마지막 클로징에서 "이 에너지를 어디에 쓸 수 있을까?" "이 대화를 계속 이어가기 위해 무엇이 필요할까?"를 묻는 것이 필요하다.

온보딩 워크숍
역할 인식과 핵심 가치 내재화

조직에 들어왔다고 구성원이 된 것은 아니다

조직의 구성원이 된다는 것은 단순히 명함을 받고 자리를 배정받는 일이 아니라, 팀의 문화에 자연스럽게 녹아들고, 나의 말과 행동이 조직의 언어와 연결되는 과정이다. 그런데 실제 현장에서는 온보딩이 교육 자료 전달이나 회사 소개 영상 시청으로 끝나는 경우가 많다.

LSP는 이 지점을 바꿀 수 있다. 구성원 스스로 조직을 해석하고, 나와 조직 사이의 연결을 '직접 구축'하게 만드는 것이 온보딩의 진짜 목표라면, 레고 모델링은 단순한 워밍업 이상의 의미를 갖는다.

온보딩 워크숍은 첫날을 넘어 첫 몇 주 안에 조직에 대한 인식을 형성하고, '이 조직에 머무를 이유'를 만드는 경험이다. 따라서 퍼실리테이터는 레고를 통해 심리적 연결성, 관계의 시작점, 팀의 언어 이해를 다룰 수 있어야 한다. 특히 다른 부서와 협업이 필요한 신입 구성원일수록, 다양한 직무의 선배들과 함께 모델을 만들고 이야기를 나누는 경험은 이후의 업무 적응에 큰 자산이 된다.

"나는 이 팀과 어울릴 수 있을까?"
"내가 가진 역량이 이 조직 안에서 의미 있을까?"

그런 질문에 레고로 대답하게 만드는 시간, 그것이 온보딩 워크숍이다.

온보딩 워크숍 – 퍼실리테이터 실전 가이드

신입 사원이나 경력 입사자는 첫 경험에서 조직에 대한 인식을 결정짓는다. 이때 단순한 정보 전달을 넘어 '내가 이 조직의 일부'임을 스스로 체감하게 만드는 것이 온보딩의 진짜 목표다. LSP를 활용한 온보딩 워크숍은 '역할 인식 강화' '핵심 가치 내재화' '업무 몰입 촉진'을 목표로 설계되었다.

온보딩 워크숍 – 퍼실리테이터 실전 가이드
[목표: 역할 인식과 핵심 가치 내재화]

단계	세부 항목	작성 가이드
워크숍 기획	목적 정의	구성원이 조직 문화와 가치, 팀의 언어에 자연스럽게 연결되도록 한다. 자기소개 > 조직 이해 > 협업 상상으로 연결되는 흐름 설계
	핵심 질문 설계	"내가 이 조직에서 맡게 될 역할은 무엇인가?" "이 조직이 중요하게 여기는 가치는 무엇인가?"
	참여자 분석	신입/경력 입사자 그룹 (5~8명) / 가능하면 다양한 부서 혼합
	시간 및 공간 확보	2시간~3시간 구성, 가볍고 비형식적 분위기 강조. 동그랗게 앉거나 소규모 조별 구성 권장
	레고 키트 및 자료 준비	Starter Kit 중심으로 구성. 팀별로 다양한 브릭이 돌아가도록 예비 키트 확보
	사전 커뮤니케이션	온보딩 프로그램 일부로, 즐겁고 자유롭게 참여하되 성찰도 함께하는 시간임을 안내
워크숍 운영	오프닝 및 목적	"내가 조직에 대해 알고 있는 것들" 등을 주제로 시작. 걱정보다는 기대를 중심으로 유도
	스킬스 빌딩	"나를 상징하는 레고 모델 만들기" (자기소개와 심리적 거리 좁히기)
	개인 모델 만들기	주제 1: 내가 기대하는 나의 역할 주제 2: 조직의 핵심 가치를 어떻게 이해하는가
	공유 모델 만들기	우리 조직 핵심 가치를 반영한 '이상적인 팀' 모델링
	인사이트 도출	개인의 기대, 조직의 가치, 함께 성장하는 방법을 스토리텔링
워크숍 이후	결과물 정리 및 기록	모델 사진 + 스토리 요약 > 온보딩 교육 수료 자료로 활용
	후속 워크숍 또는 코칭 계획	실무 시작 전, 해당 팀과의 커피챗·멘토링과 연결 시 스토리텔링 소스로 활용
	행동 및 변화 추적	"입사 3개월 후, 지금 나는 이 조직과 얼마나 연결되어 있다고 느끼는가?" 후속 인터뷰/설문 설계

워크숍 기획의 포인트
- 온보딩 워크숍은 단순한 정보 전달을 넘어서, 구성원이 '나'와 '조직' 사이의 연결을 체험하는 기회여야 한다. 사전에 참여자들에게 '즐거우면서도 의미 있는 시간'이 될 것임을 안내하고, 개방적이고 편안한 공간을 준비한다. 다양한 부서의 신입/경력 입사자를 섞어 서로 다른 시각을 공유할 수 있도록 구성하는 것이 좋다.
- '어색함을 줄여주는 구조'를 고민하라. 입사 초기의 불안은 말보다 리듬과 구조로 해소된다. 초반의 작은 웃음, 브릭을 만지는 시간, 내가 만든 걸 설명하는 리듬이 긴장을 푼다.

워크숍 운영 흐름
- 오프닝에서는 '자신'을 상징하는 모델을 만들며 심리적 거리를 좁힌다. 이후 각자가 기대하는 자신의 역할과, 조직의 핵심 가치를 어떻게 이해하고 있는지를 모델링한다. 공유 모델 만들기에서는 개인의 이해를 통합하여 '이상적인 조직 모델'을 함께 만든다. 이 과정을 통해 개인이 느끼는 가치와 조직이 지향하는 가치가 연결되도록 돕는다.
- 각자 만든 레고는 입사 후 회고의 재료가 된다 3개월 뒤 "그때 만든 모델을 지금 다시 만든다면?"이라는 질문은 멘토링의 훌륭한 소재가 된다.

워크숍 이후 활용

- 워크숍에서 만든 모델과 스토리는 온보딩 프로그램의 수료 자료로 활용한다. 이후 1개월, 3개월, 6개월 단위로 몰입도와 소속감을 점검하는 피드백 세션을 기획하면, 초기 몰입을 유지하고 강화하는 데 효과적이다.

개인 코칭
갈등 관리와 개인 역량 개발

한 사람의 생각에 귀 기울이는 시간

조직 교육이 늘 집단을 전제로 설계되는 것은 아니다. 때로는 한 사람의 내면 깊은 곳에서 변화가 시작된다. 개인 코칭 워크숍은 한 사람의 고민, 경력, 목표를 중심에 두고 레고 브릭을 도구 삼아 사고를 시각화하고 해석하는 과정을 함께 걷는 시간이다. 개인은 조직 안에서 늘 복합적인 감정과 갈등을 경험한다. 때로는 성과 압박, 역할 스트레스, 가치 충돌로 인해 자기 인식이 흔들리기도 한다. 말로만 풀기 어려운 생각을 브릭을 통해 외부화하면, 새로운 시야가 생긴다. 그리고 그 시야를 퍼실리테이터가 함께 탐색하고 정리해 주는 과정이 곧 코칭이다.

개인 코칭 - 퍼실리테이터 실전 가이드

개인 코칭은 '내 안의 문제를 밖으로 꺼내고', '내가 원하는 방향을 스스로 설정하는' 매우 개인적이면서도 강력한 경험이다. 레고 모델을 통해 손으로 마음을 만지듯 자기 내면을 다듬는 시간은, 단순한 코칭을 넘어 자기 변화를 촉진하는 출발점이 될 것이다.

아래 LSP를 활용한 개인 코칭 워크숍은 '내적 갈등 탐색', '커리어 방향 재설계', '행동 전략 구체화'를 목표로 설계되었다.

개인 코칭 - 퍼실리테이터 실전 가이드
[목표: 갈등 관리와 개인 역량 개발]

단계	세부 항목	실전 포인트
워크숍 기획	목적 정의	개인 내 갈등 탐색, 커리어 방향 설정, 실행 가능한 행동 전략 수립
	핵심 질문 설계	"나는 어떤 갈등을 겪고 있는가?" "나는 어떤 방향으로 성장하고 싶은가?"
	참여자 분석	1:1 또는 소규모(2~3인) / 밀도 높은 개별 작업 중심
	시간 및 공간 확보	조용하고 몰입 가능한 공간, 1.5~2시간 권장 (개인당)
	레고 키트 및 자료 준비	Starter Kit (자기 탐색 및 미래 설계용)
	사전 커뮤니케이션	"이건 상담도, 교육도 아닌 당신을 위한 탐색의 시간입니다."라는 메시지 전달

워크숍 운영	오프닝 및 목적	"오늘 이 자리에 오게 된 이유"를 가볍게 나누기
	스킬스 빌딩	"현재 나의 마음 상태를 표현하는 모델 만들기" (감정 인식 시작)
	개인 모델 만들기	주제 1: 내 안의 갈등 구조 시각화 주제 2: 내가 원하는 성장 방향 모델링
	인사이트 도출	나의 과거, 현재, 미래를 스토리로 연결하고 성장 전략 도출
워크숍 이후	결과물 정리 및 기록	개인 기록용 요약본 제공 (모델 사진 + 성장 전략 스케치)
	후속 워크숍 또는 코칭 계획	1개월, 3개월 차 코칭 세션(추가 점검 및 보완 계획 수립)
	행동 및 변화 추적	1개월 후 짧은 메일코칭 또는 리마인드 질문 전송. 모델 리마인더 이미지도 유용

워크숍 기획의 포인트

- 개인 코칭은 '자기 내면을 탐색하고 연결하는 과정'이다. 참여자가 스스로를 방어하지 않고, 편안하게 감정과 생각을 꺼낼 수 있도록 신뢰감 있는 환경을 만드는 것이 무엇보다 중요하다. 1:1 코칭 형태가 기본이며, 소규모 2인도 가능하다. 1시간 정도로 잡는 것이 적당하다.
- 코칭 목적을 합의하는 것이 출발점이다. "무엇을 바꾸고 싶은가?"보다 "무엇을 이해하고 싶은가?"를 중심에 둔다.

워크숍 운영 흐름

- 초반에는 자신의 현재 마음 상태를 레고 모델로 표현하며 감정 인식부터 시작한다. 이어서 자신이 겪고 있는 갈등을 구체적으로 모델링하고, 미래에 원하는 모습을 시각화한다. 이후 현재와 미래를 연결하는 '변화의 다리'를 만들고, 이 과정에서 필요한 리소스, 예상되는 장애 요인을 함께 시각화하는 방식으로 행동 전략을 구체화한다.
- 침묵을 견디는 리듬을 만들자. 레고 코칭에서는 혼자 레고 브릭을 만지기 때문에 생각을 위한 '침묵'이 생긴다. 그럴 때는 침묵이 흐르도록 두고, 필요할 때 다시 부드럽게 질문을 던진다.

워크숍 이후 활용

- 세션에서 나온 모델과 인사이트를 정리해 개인 기록용 요약본으로 제공한다. 이후 1개월, 3개월 후 추가 점검 세션을 통해 행동 변화 여부를 체크하고 필요한 조정을 지원한다. 감정 변화, 행동 변화, 목표 달성 정도를 복합적으로 관찰하는 것이 좋다.
- 다시 그 자리에 돌아갈 수 있도록 연결 장치 만들면 좋다. 이메일 리마인더, 모델 이미지, 당일 질문 복기 등은 이후의 자기 성찰에 좋은 촉진제가 된다.

승진자 워크숍
역할 전환과 리더십

중간관리자의 첫 리더십, 어디서부터 시작할까?

승진은 축하받을 일이지만, 동시에 가장 혼란스러운 시기이기도 하다. 동료였던 사람들과의 관계가 달라지고, 위로부터는 성과와 책임이 요구되며, 아래로는 팀원들의 눈치를 살피며 리더십을 고민해야 한다. 중간관리자에게 리더십은 '타이틀'이 아니라 '내면화된 역할'로 받아들여질 때 비로소 작동한다.

LSP를 활용한 승진자 워크숍은 바로 이 역할 전환의 심리적 과도기를 안전하게 탐색하게 돕는다. 말로는 잘 꺼내기 어려운 감정, 불안, 그리고 기대를 브릭으로 표현함으로써 참여자들은 스스로의 리더십 스타일을 직시하고, 나아가 조직이 기대하는 역할과 조율해 나갈 수 있다.

승진자 리더십: 퍼실리테이터 실전 가이드

중간관리자로의 승진은 단순한 직책 변화가 아니라, 개인의 성과 중심 사고에서 팀을 이끄는 리더 사고로의 전환을 의미한다. 신임 리더들은 '관리'와 '리더십' 사이에서 혼란을 겪으며, 새로운 역할에 대한 명확한 인식 없이 업무를 시작하곤 한다.

이 시점에서 LSP는 자신만의 리더십 철학을 구체화하고, 역할 전환의 본질을 자각하는 데 효과적인 도구가 된다. 브릭을 통한 은유적 표현은 '어떤 리더가 되고 싶은가' '무엇이 가장 부담되는가'와 같은 내면의 질문에 솔직하게 다가가도록 돕는다.

본 워크숍은 역할 인식 전환, 리더십 스타일 구축, 팀 운영 전략 수립이라는 목표를 중심으로 설계되었다.

승진자 워크숍 – 퍼실리테이터 실전 가이드
[목표: 역할 전환과 리더십]

단계	세부 항목	실전 포인트
워크숍 기획	목적 정의	'중간관리자 역할 내면화'와 '리더십 자기 정의'에 초점.
	핵심 질문 설계	"중간관리자가 된 나는 무엇을 해야 하는가?" "어떤 리더가 되고 싶은가?"
	참여자 분석	직무 전환 시기, 부서 구성, 상하 커뮤니케이션 난이도 등 고려. 유사 직급끼리 묶되, 조직 내 대표성과 다양성을 확보
	시간 및 공간 확보	몰입도 높은 공간 확보, 3~4시간 권장
	레고 키트 및 자료 준비	Starter Kit + Identity Kit

워크숍 운영	사전 커뮤니케이션	'나만의 새로운 리더십을 정의하는 시간'임을 안내
	오프닝 및 목적	"이 자리는 당신의 새로운 시작을 응원하기 위한 시간입니다."라는 메시지 전달.
	스킬스 빌딩	"현재 나의 고민을 표현하는 모델 만들기" (승진 직후 심리 상태 인식)
	개인 모델 만들기	주제 1: 내가 느끼는 중간관리자 역할의 기대와 두려움 주제 2: 나의 리더십 정의 내리기
	공유 모델 만들기	'좋은 중간관리자란 무엇인가'에 대한 공유 모델 만들기
	인사이트 도출	개인 리더십과 팀 운영 전략을 연결하는 이야기 정리
워크숍 이후	결과물 정리 및 기록	개인별 리더십 선언문 요약 + 모델 사진 공유 (수료 자료로 활용)
	후속 워크숍 또는 코칭 계획	3개월, 6개월 차 '리더십 점검' 심화 워크숍 기획
	행동 및 변화 추적	팀원 만족도, 리더십 피드백 결과 등 정성적/정량적 변화 모니터링

워크숍 기획의 포인트

- 승진자는 공식적인 직급 변화와 함께 심리적, 역할적 전환기를 겪는다. 이 워크숍은 '조직이 기대하는 관리자'가 되라는 교육이 아니라, '나만의 리더십'을 정의하고 준비하는 과정으로 설계해야 한다.
- 참여자는 비슷한 시기에 승진한 사람들끼리 그룹을 만들어, 동질감과 함께 서로 다른 시각을 교차할 수 있도록 구성한다.

워크숍 운영 흐름

- 초반에는 승진 직후 느끼는 기대와 두려움을 모델링하며 자신의 감정을 인식하고 받아들이게 한다. 이어서 자신이 지향하는 리더십 모델을 만들고, 그룹 차원에서는 '좋은 중간관리자란 무엇인가'에 대한 공동 모델을 구축한다. 공유 방식에서는 개인과 팀, 조직 사이의 관계를 구체적으로 구조화해, 앞으로의 팀 운영 전략을 시각화한다.

워크숍 이후 활용

- 워크숍 결과로 만들어진 리더십 선언문과 모델 사진을 정리해 개인별 수료 자료로 남긴다.
- 이후 3개월, 6개월 후에 리더십 실행 결과를 점검하는 심화 워크숍을 운영해, 지속적인 성장을 지원한다.

5장

Master
**예기치 못한 상황에서도
성공하는 워크숍 만들기**

돌발변수에
유연하게 대처하기

워크숍을 진행하다 보면, 예상하지 못한 변수는 반드시 발생한다. 장비가 작동하지 않거나, 공간이 바뀌거나, 일정이 틀어지는 일은 흔하다. 퍼실리테이터는 이를 실패로 인식하기보다, 흐름을 다시 설계하는 사람으로서의 역할을 수행해야 한다.

> **사례** 공간이 반으로 줄었습니다
> R사의 전사 워크숍 당일 아침, 회의실 담당자에게 연락을 받았다. "죄송합니다. 오늘은 공간을 절반만 사용하셔야 합니다." 이미 참여자 인원은 확정된 상태였다. 공간이 반으로 줄었지만, 참여자 수는 변하지 않았다. 결국 테이블 간 거리는 좁아졌고, 참여자들의 이동은 사실상 불가능해졌다. 기존 계획이었던 '조별 모델링 후 테이블 간 갤러리 워크' 방식은 불가능해졌다. 테이블 외에 남는 공간이 없었기 때문이다.

실전 가이드: 조별 모델은 그대로, 공유 방식은 디지털로

나는 현장에서 흐름을 바꿨다. 조별 모델링은 그대로 유지했다. 조원끼리 모델에 집중할 수 있게 하되 리뷰 방식은 테이블 이동 대신 각자 모델을 사진으로 촬영해 디지털 보드에 업로드하게 했다. 공유 세션은 각 팀이 무대로 나와 스크린에 띄운 모델 사진을 가리키며 발표하는 형태로 전환했다. 덕분에 참여자들은 좁은 공간에서 불편하게 움직일 필요 없이 자기 자리에서 다른 팀 모델을 확인할 수 있었고, 발표하는 팀들은 자연스럽게 무대에 올라 리더십을 발휘하는 경험도 할 수 있었다. 공간이 제약이 아니라, 무대를 만드는 무기로 바뀐 순간이었다.

워크숍 설계는 언제든 흔들릴 수 있다. 하지만 퍼실리테이터가 침착하게 흐름을 다시 짜면, 그 순간은 혼란이 아니라 몰입의 기회가 된다. 완벽한 공간보다, 흐름을 새롭게 설계할 수 있는 유연성이 퍼실리테이터의 진짜 자산이다.

- 공간 확인 시, 테이블 간 이동 공간까지 시뮬레이션해 본다.
- 플랜 B로, 디지털 보드(공유 화면)를 활용하는 흐름을 미리 준비해 둔다.
- 팀별 발표를 '모델 관점'이 아니라 '사진 관점'으로 전환할 수 있도록 운영 계획을 유연하게 짠다.
- 이동이 불가능한 경우, '자리 고정 → 발표 팀 이동' 구조로 스위칭하는 방안을 준비한다.

퍼실리테이터를 당황시키는 참여자들, 어떻게 다룰까?

모든 참여자가 열정적으로 몰입하는 워크숍은 이상적이다. 하지만 현실에서는 다양한 태도를 가진 사람들이 함께 참여한다. 퍼실리테이터는 이들을 제압하는 사람이 아니라, 그들의 상태를 존중하며 흐름으로 끌어들이는 사람이다. 어려운 참여자에게 가장 필요한 건 긴 설명도, 강한 설득도 아니다. 작은 신호를 읽고, 부드럽게 반응해주는 리더십이다. 실제 워크숍에서 자주 마주치는 어려운 참여자 유형과 그에 대한 실전 가이드를 제시해본다.

침묵형 참여자

- **특징**: 말을 아끼고 눈을 잘 마주치지 않으며 조별 활동에서도 최소한의 말을 한다.
- **사례**: 8인 테이블 중 유일하게 레고를 건드리지 않고 관망하던 참여자
- **실전 가이드**
  억지로 말을 시키기보다, 모델에 대해 간단한 질문만 던진다

("이 레고 브릭은 어떤 의미일까요?")

개인 모델 중심 활동일 때는 조용히 진행할 수 있는 여지를 열어둔다.

발언이 아닌 손의 참여를 먼저 유도한다.("의미보단 형태부터 시작해볼게요")

무관심/스마트폰 집중형 참여자

- **특징**: 진행 중 휴대폰을 자주 확인하거나 조별 대화에 집중하지 않는다.
- **사례**: 회의실 맨 뒤에서 폰만 보다가 "업무 때문에 집중이 어렵다"는 반응을 보인 참여자
- **실전 가이드**

    초반 오프닝에서 목적 정의와 역할을 명확히 전달한다.("이건 여러분의 경험이 필요한 시간입니다.")

    조별 활동에서 역할을 자연스럽게 부여한다.("이 부분은 ○○님이 마무리해 주실래요?")

    한 명씩 나오는 마이크 발표 구조가 아닌, 팀이 함께 말하는 구조를 만든다.

과잉 주도형 참여자

- **특징**: 조별 활동에서 대화를 장악하거나, 타인의 의견을 자주 반박한다.

- **사례**: 모델링 과정에서 "그건 아니고 이게 맞지"라며 브릭을 다시 배열하는 참여자
- **실전 가이드**

  "공존하는 모델도 가능합니다"는 메시지로 정답 중심 사고를 풀어준다.

  팀 모델 만들 때, 모델 통합이 아닌 병렬 구조도 허용한다.

  퍼실리테이터가 각자의 모델을 소개하는 흐름을 먼저 확보한 뒤 통합 단계로 넘어간다.

회의적인 참여자

- **특징**: 활동의 의미를 의심하거나 결과에 대한 회의적인 태도
- **사례**: "이런다고 조직이 바뀌나요?"라는 반응을 보였던 참여자
- **실전 가이드**

  "그 의심도 모델링해 보시겠어요?"라고 질문을 리프레이즈한다.

  문제 있는 모델을 만드는 것도 환영한다.("당신이 생각하는 현재 문제를 표현해 보세요.")

  발표 때 문제 모델을 소개하면, 집단 내에서 해결 아이디어가 자연스럽게 나올 수 있다.

예민한 상태의 참여자

- **특징**: 감정적으로 예민한 상태거나, 모델링 도중 울거나 침묵

에 빠짐
- **사례**: "이건 제게 개인적으로 힘든 주제입니다"라고 말하며 참여를 중단했던 참여자
- **실전 가이드**

  감정 표현을 막지 않고, 시간적 여유와 심리적 거리를 허용한다.
  "지금은 이야기하지 않아도 괜찮습니다"라는 말로 선택권을 부여한다.
  경우에 따라 휴식 또는 조용한 1:1 대화 공간을 운영한다.

참여자는 예측대로 반응하지 않는다. 퍼실리테이터는 그들의 상태를 바꾸려 하기보다, 있는 그대로 그들을 인정하고 참여 의지가 생기도록 이끄는 사람이다. 퍼실리테이터는 침묵, 무관심, 과잉 주도, 회의감, 감정의 파도까지 참여자의 유형에 따라 대응할 수 있는 사람이 되어야 한다.

조용한 팀과 과잉 주도 팀 사이, 흐름을 어떻게 읽을까?

워크숍은 결국 '사람과 사람 사이의 흐름'이다. 개인은 각자의 리듬으로 움직이고, 그 개인들이 모이면 팀이라는 구조 안에서 또 다른 리듬이 생긴다. 퍼실리테이터는 그 리듬을 지시하는 사람이 아니라, 흐름을 읽고 설계하는 사람이다.

워크숍을 하다 보면 극단적인 팀을 동시에 만나게 되는 경우가 있다. 한 팀은 말을 거의 하지 않는다. 모델도 늦게 만들고, 공유도 조심스럽게 한다. 반대로 말을 너무 많이 하거나 한 사람이 팀을 장악해버리는 경우도 있다. 흐름이 넘치거나 흐름이 막힐 때 상황에 맞는 퍼실리테이터의 감각이 필요하다.

① 조용한 팀

> **사례** 말이 없는 팀은 흐름이 없는 팀일까?
>
> 한 워크숍에서 6명이 앉은 테이블 중 단 한 사람도 웃지 않고, 말도 거의 하지 않던 팀이 있었다. 개인 모델 만들기 시간에도 거의 말이 없었고, 공유 모델을 만들 때도 조용했다. '이 조는 그냥 형식적으로 끝나겠구나' 생각했었다. 그런데 공유 모델을 설명하는 순간, 그 조의 대표가 조용히 한마디를 꺼냈다.
>
> "우리는 조직에서 늘 침묵해 왔어요. 할 말이 없어서가 아니라, 말해도 달라지지 않을 거라는 생각 때문에요. 그래서 이 모델에는 목소리가 빠져 있어요."
>
> 그 말을 듣는 순간, 공간이 바뀌었다. 참여자들은 그 조의 모델을 더 오래 바라봤고, 그 안의 침묵이 단순한 '조용함'이 아니었음을 느낄 수 있었다. 말이 없다고 해서 흐름이 없는 것은 아니다. 조용한 사람도 조용한 방식으로 각자 말을 하고 있다.

실전 가이드: 조용한 흐름을 기다리는 법

워크숍을 진행하다 보면 무표정인 사람, 모델을 늦게 시작하는 사람, 팀에서 대화를 지켜만 보는 사람을 만나게 된다. 그 참여들도 자신만의 리듬으로 참여하고 있다. 그 리듬을 밀어붙이지 말고, 기다려주자는 생각을 갖는 것이 필요하다. 준비 중일 수 있고, 조용히 합의점을 만들어 가는 중일 수 있다. 지금 바로 무언가를 끌어내야 한다는 욕심을 내려놓으면 오히려 더 진짜 같은 흐름이 나타난다.

- 말을 유도하기보다, 손으로 만들게 하고 기다리는 것이 먼저다. "이 모델엔 어떤 의미가 담겼을까요?" 대신 "이 브릭을 고르신 이유가 있을까요?"처럼 작은 질문으로 접근한다.
- 조용한 조가 있을 때, 먼저 말하는 조를 활용해 자연스럽게 분위기를 보여주는 것도 좋다. '표현이 없는 참여자'가 아니라, '표현 방식이 다른 참여자'라는 관점으로 바라본다.

② 과잉 주도 팀

> **사례** 주도형 참여자가 팀 흐름을 장악할 때
>
> 워크숍 도중 한 조에서 참여자 A가 거의 모든 브릭을 만지며 설명을 주도하고 있었다. 다른 참여자가 모델을 만들려 하자, "그건 아니고 이게 더 나은 것 같아요"라며 브릭을 다시 배열했고, 심지어 "이건 내가 정리할게요"라고 말하며 조율까지 맡아버렸다. 분위기는 빠르게 한 사람 중심으로 흘렀고, 다른 팀원들은 점점 손을 떼기 시작했다. 이 팀은 결과적으로 '하나의 완성도 있는 모델'을 만들었지만, 팀원 모두의 참여가 깃든 모델은 아니었다.

실전 가이드: 주도형 참여자를 다루는 3가지 선택지

- 질문을 분산시켜 발언권을 유도한다. "좋은 관점이에요. 혹시 다른 분은 어떤 브릭이 눈에 들어오셨나요?" 특정 참여자에게 몰린 흐름을 질문을 통해 자연스럽게 다자화한다.
- 팀 내 역할을 분리해 균형을 맞춘다. "정리 역할은 A님이 해주시고, B님은 키워드 정리, C님은 공유용 문장을 적어볼까요?" 주도자가 책임을 나눠 갖게 하면서 다른 참여자도 팀 흐름에 개입할 수 있는 기회를 만든다.
- '설계자의 말'이 아닌 '중재자의 시선'으로 리프레이즈한다. "한 분이 방향을 잡아주셔서 고맙습니다. 지금부터는 다른 분 의견도 모델에 반영해 볼게요." 강하게 제압하기보다는, 주도적 행동을 긍정하되 다른 흐름을 유도한다.

③ 의견 불일치 팀

> **사례** 조별 회의에서 갈등이 생겼을 때
>
> 두 개의 아이디어를 합치고자 했다가 누군가의 "그건 아닌 것 같은데요"라는 말과 함께 흐름이 끊기기도 한다. 그럴 때 퍼실리테이터는 이렇게 말하는 것이 좋다. "같은 팀 안에서도 다른 생각이 있을 수 있어요. 꼭 하나로 합치지 않아도 괜찮습니다. 이 팀의 모델은 두 가지 시선이 공존하는 구조로 갈 수도 있어요." 그 순간 팀은 통합을 포기하는 게 아니라, 공존을 선택할 수 있다는 걸 배우게 된다.

실전 가이드: 의견 충돌을 공존으로 풀기

- '하나로 합쳐야 한다'는 전제를 내려놓게 한다. "두 개의 아이디어가 각각 중요해 보여요. 병렬 구조로 함께 표현해도 좋습니다." 통합이 어려운 상황에서 갈등이 아닌 공존의 시선을 열어준다.
- 의견 차이를 시각화하게 유도한다. "각자의 모델을 나란히 놓고, 어떤 관계가 생기는지 볼까요?" 말로 싸우기보다, 레고를 활용해 추가로 표현하고 바라보게 하는 장면 전환을 만든다.
- 팀 내 합의가 아닌 이해를 중심으로 흐름을 만든다. "이 두 시선이 공존한다는 것 자체가 지금 팀의 현실일 수 있어요." 퍼실리테이터가 '정답'이 아닌 '다름'의 가치를 드러내는 말로 마무리한다.

조별 그룹 활동에서 팀의 흐름은 하나의 정답으로 규정하기 어렵다. 말이 많아도, 말이 없어도 팀은 각자의 리듬으로 움직이고 있다. 퍼실리테이터는 흐름을 읽는 사람이다. 그리고 그 흐름이 엇갈릴 때, 참여자들이 선택할 수 있는 다양한 현답을 선택지로 제시할 수 있는 사람이다.

모델링 이후
워크시트로 의미 확장하기

워크시트는 필수가 아니다

시간이 촉박하거나, 팀의 에너지가 말보다는 움직임에 쏠릴 때는 모델링에서 바로 마무리해도 좋다. 하지만 모델을 만든 후, 글로 정리하는 시간을 갖는다면, 참여자의 인사이트는 한층 더 자기화된다. 글을 쓰는 행위는 에너지가 많이 드는 작업이다. 글로 표현하는 장점을 살리려면 레고 모델링 이후 별도의 충분한 시간이 필요하다는 점을 주의해야 한다.

> **사례** 생각 쓰기로 깊은 울림을 줄 때
>
> 참여자들에게 각자 만든 레고 모델에 대한 설명, 모델을 만들면서 들었던 생각, 모델을 만들고 나니 정리하고 싶은 단어나 문장을 생각나는 대로 써보라고 요청했다. 그중 한 명은 이런 문장을 남겼다. "나는 리더십을 너무 거창하게 생각했어요. 그런데 오늘, 내 팀이 나를 기다려줬다는 걸 알게 됐어요." 조용한 글쓰기 시간은 워크숍 마지막에 깊은 감정의 문을 여는 순간이 되었다.

실전 가이드: 생각 쓰기 방식을 정하고 시간 배분은 여유롭게

참여자의 스타일이나 워크숍의 분위기에 따라 워크시트 형식을 바꿔 제안한다. 이런 방식은 모두 "어떻게 쓰느냐"보다 "자기 안에 머무를 수 있느냐"에 초점을 둔다.

형식	설명
키워드형	모델을 구성하는 단어 3~5개를 추출 간단한 메모 수준의 정리
에세이형	모델을 만들며 느낀 생각과 감정, 떠오른 장면을 짧게 글로 풀어내기
질문형	"이 모델을 한 단어로 표현하면?" "내가 발견한 것은?" "다음 행동은?" 등
한 문장형	"지금 떠오르는 한 문장, 나에게 보내는 문장"으로 마무리 글쓰기

글을 쓰는 데는 생각보다 시간이 필요하다. 모델 공유가 끝난 뒤, 10~30분 정도 정리 시간을 따로 배정하는 것이 좋다. 가능하면 종이와 펜을 미리 준비해두고, "지금은 말 없이, 나만의 정리를 해보는 시간"이라고 안내한다.

- 글쓰기 시간은 결과를 뽑기 위한 시간이 아니다.
- 누구도 발표하지 않아도 괜찮다.
- 적지 않은 사람에게는 그 자리에 앉아 있는 것만으로 충분할 수도 있다.

퍼실리테이터의 성장을 만드는
1cm 디테일

워크숍의 성패는 참여자에게 남는 인사이트로 드러나지만, 퍼실리테이터의 성장은 끝난 뒤의 미세한 감각에서 시작된다. 성공적인 워크숍일수록, 더 많은 복기와 사소한 변화가 필요하다.

1. 워크숍은 끝난 후에 성장한다

강연자는 무대에서 잘 말하면 되고, 기획자는 설계를 깔끔히 마무리하면 된다. 그러나 퍼실리테이터는 끝난 후에 생각을 시작하는 사람이다. 워크숍이 끝나고 남는 것은 말이 아니라 참여자의 표정과 움직임, 질문의 밀도, 침묵의 리듬이다. 그 모든 걸 기억하고 다음 워크숍에 반영하는 것이 퍼실리테이터의 성장 루틴이다.

- **사례**: 어느 팀은 모델을 훌륭하게 만들었지만, 설명할 때 같은 단어만 반복했다. '협업' '소통' '믿음'. 틀린 말은 아니었지만, 그 뒤에 공백이 느껴졌다. 분위기는 좋았고, 팀도 만족했기에 그 자리에서 굳이 건드리지는 않았다. 대신 조용히 이렇게 노

트에 적어두었다. "단어는 나왔으나, 맥락은 비어 있었음. 다음 워크숍에서는 발표 전에 한번 더 '상황 설명' 질문을 던질 것."
- **대응 루틴**: 잘된 워크숍일수록 더 많이 적는다. 미세한 차이를 감각적으로 기록해 두는 습관은 다음 설계를 바꾼다.

2. 미세한 감각은 반복에서 온다

퍼실리테이터는 손의 움직임과 언어의 리듬을 관찰하는 사람이다. 잘된 발표 속에서도 어딘가 놓친 감정, 억눌린 표현을 찾아낸다. 이 감각은 반복 속에서 선명해진다.

- 좋았던 장면을 기록해 둔다.
- 아쉬움이 남는 장면은 아쉬운 이유를 메모한다.
- 즉각적인 평가보다 다음 워크숍에 반영할 나의 행동 하나를 남긴다.

3. 자기 자신에게 질문하기

퍼실리테이터는 사람들 사이에서 흐름을 읽고, 갈등을 조율하고, 보이지 않는 긴장을 부드럽게 풀어내는 역할을 한다. 하지만 그 흐름을 설계하는 사람은 정작 자신의 흐름을 놓치기 쉽다. 질문을 던지는 데 익숙하지만, 자기 자신에게는 질문을 미루게 된다. "다음 워크숍 끝나고 정리하자." "이번 피드백만 마무리하고 쉬자." 그러다 보면 어느 순간, 자기 자신이 없다는 감각이 찾아온다.

나는 워크숍이 끝난 날, 이런 질문을 스스로에게 던진다
- 내가 가장 마음에 걸리는 팀은 어디였는가?
- 그 팀에서 나는 어떤 장면에서 머뭇거렸는가?
- 가장 강하게 반응한 모델은 무엇이었는가?
- 다음에 같은 상황이 오면, 나는 어떻게 질문을 바꿀 것인가?

4. 퍼실리테이터의 루틴 만들기

나는 워크숍 30분 전, 참여자가 들어오기 전에 테이블을 한 바퀴 돌며 이렇게 묻는다. "여기 앉은 사람이, 지금부터 2시간 동안 몰입할 수 있을까?" 이건 내가 준비되었는지를 확인하는 루틴이다. 참여자는 대체로 워크숍 전체를 평가하지 않는다. 자기 테이블에서의 경험만 기억한다. 워크숍이 성공적이라고 느끼는 건 퍼실리테이터의 마지막 멘트에서가 아니라, 참여자들이 처음 의자에 앉는 순간 느끼는 '준비되었음'에서 시작된다.

내 루틴 예시:
- 테이블을 돌며 '몰입 가능성' 스캔하기
- 워크숍 후 한 장면을 메모로 남기기
- 워크숍 전체 흐름을 머릿속으로 정리해보기

5. 디테일은 퍼실리테이터의 정신줄이다

워크숍에서 흔들리는 건 큰 실수보다 작은 디테일이다. 현장에 가서 보면 늦다. 테이블 수, 네임택, 포스트잇, 발표 순서표, 스크린 위치 등 사소한 요소 하나가 전체 흐름을 흔든다. 디테일을 끝까지 점검하는 것이 워크숍의 품질을 결정짓는다.

내가 항상 확인하는 TOP 3 디테일:
- 레고 키트 수량 (예비 포함)
- 팀별 발표 동선과 스크린 위치 체크
- 활동 전환 멘트와 마무리 흐름 설계

체크 전 꼭 기억할 것:
- "이건 기본이지"라는 생각이 가장 위험하다.
- 공간이 바뀌면 질문 방식도 바뀔 수 있다.
- 물리적 준비는 참여자의 몰입에 직접 연결된다.
- 잘 준비된 현장은 참여자가 안심하고 머무를 수 있는 공간이 된다.

작은 디테일 하나가 참여자의 몰입을 만들고, 작은 흔들림 하나가 퍼실리테이터를 다시 성장시킨다. 성공적인 워크숍은 겉으로 매끄러운 흐름이 아니라, 퍼실리테이터 안에 남겨진 미세한 흔들림으로 완성된다. 그걸 노트에 적고, 다음 워크숍에서 질문 하나, 말 한

마디를 다르게 놓는 것. 그것이 퍼실리테이터의 1cm 성장이다. 그리고 나는 그 1cm를 매 워크숍마다 연습한다.

마지막 디테일을 챙기는 최종 점검 리스트

공간 체크
- ☐ 테이블 수, 인당 거리 충분한지
- ☐ 팀별로 구분된 테이블 구성 가능한 구조인지
- ☐ 장비(빔, 스피커, 조명) 작동 여부
- ☐ 스크린 위치 참여자가 모두 볼 수 있는지
- ☐ 이동 동선(갤러리워크, 발표 동선 등) 여유 있는지

물품 및 운영 자료
- ☐ 레고 키트 수량(테이블 기준 + 예비 포함)
- ☐ 시각화 도구(포스트잇, 마카, 종이 등)
- ☐ 질문 카드, 타이머, 종이 질문지(예비용)
- ☐ 워크시트 인쇄물(선택일 경우도 항상 여유분 준비)
- ☐ 팀 구분 카드, 번호표, 발표 순서표 등

진행 흐름 관련
- ☐ 활동 간 전환 멘트 준비되어 있는가?
  (예: "이제부터는 팀의 모델을 하나로 연결해 볼게요")
- ☐ 퍼실리테이터 타이밍 카드나 대본 요약본 챙겼는가?
- ☐ 예상 질문 대비 사전 답변 정리
- ☐ 워크숍 종료 멘트 및 마무리 흐름 설계(피드백 수집, 포토타임, 다음 단계 안내 등)

체크 전 꼭 기억할 것
- ☐ "이건 기본이니까 당연히 있겠지" 라는 생각이 가장 위험하다.
- ☐ 공간이 바뀌면 질문 방식도 바뀐다는 걸 기억하자.
  (예: 발표용 스크린 위치에 따라 질문 순서도 조정해야 할 수 있다.)
- ☐ 물리적 준비는 참여자의 몰입에 직접 연결된다.
- ☐ 준비가 잘 된 현장은 참여자가 '안심'하고 참여하는 공간이 된다.

일회성에서 일하는 방식으로,
레고® 시리어스 플레이® 문화 만들기

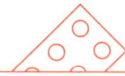

워크숍 이후,
조직 안에서 레고가 다시 쓰이도록 설계하라

퍼실리테이터의 역할은 워크숍 당일로 끝나지 않는다. 중요한 것은 "오늘 재미있었다"가 아니라 "이 방법, 다음에도 써야겠다"는 생각이 남도록 만드는 일이다. 한 번의 경험이 끝이 아닌, 일하는 방식으로 확장될 수 있어야 조직문화 안에서 진짜 변화가 일어난다. 레고는 특별한 도구가 아니라, 팀이 스스로 꺼내어 쓸 수 있는 '일의 언어'가 되어야 한다. 이를 위해서는 퍼실리테이터가 처음부터 조직 내 확산을 염두에 두고 설계할 필요가 있다.

첫 번째는 팀별로 상시 사용할 수 있는 소규모 키트를 마련하는 것이다. 모든 테이블에 큰 키트를 비치하는 것은 현실적으로 어렵다. 하지만 Starter Kit 수준의 간단한 키트를 준비해 두고, 필요한 팀이 언제든 꺼내 쓸 수 있도록 하는 것은 가능하다. 키트 사용법도 간단해야 한다. 예를 들어 '모델 주제 – 시간 배정 – 공유 방식'만 적어 놓은 A4 한 장짜리 가이드를 함께 두면 된다. 이런 방식은 레고를 '교육용'이 아닌 '업무용' 도구로 전환하는 데 매우 효과적이다.

두 번째는 사내 리더십 프로그램에 레고 세션을 자연스럽게 삽입하는 것이다. 팀 리더, 과장급, 중간 관리자 대상 교육과정 안에 2시간으로 구성된 소규모 레고 세션을 넣는 방식이다. 조직문화, 가치 내재화, 비전 공유 같은 주제는 말로만 설명하기보다 모델링을 통해 훨씬 깊이 있게 접근할 수 있다. 이때 퍼실리테이터는 레고를 메인 콘텐츠로 밀어붙이기보다, 선택 가능한 표현 방식의 하나로 제안하면 좋다. '특별한' 도구가 아니라, '우리의 일하는 방식' 중 하나로 인식되게 하는 것이 핵심이다.

마지막으로 중요한 것은 퍼실리테이터의 설계 관점이다. 단순히 워크숍의 당일 효과만을 생각하기보다, 그 이후 조직 안에서 다시 꺼내 쓸 수 있는 설계를 고민해야 한다. 참여자에게는 "오늘 좋았어요"라는 반응보다 "이 방법, 우리 팀 회의에서도 한번 써보고 싶어요"라는 반응이 훨씬 오래 남는다. 교육 담당자와 협업할 때도 단발성 이벤트가 아니라, 후속 활용 방안까지 함께 패키지로 제안하는 것이 바람직하다.

퍼실리테이터는 도구를 '한 번 보여주는 사람'이 아니라, 도구가 조직 안에 '자리 잡게 도와주는 사람'이다. 워크숍이 끝난 뒤, 책상 서랍에서 레고 키트가 다시 꺼내지는 순간. 그때 퍼실리테이터의 역할은 가장 조용하게, 그러나 가장 크게 완성된다.

LSP 퍼실리테이터는
도구를 소개하는 사람이 아니라,
조직의 일하는 방식으로 자리 잡도록 돕는 사람이다.

온라인 워크숍으로 확장하기

온라인 환경에서도 몰입할 수 있는 비결

온라인에서는 물리적 거리가 주는 단절감이 있다. 대면에서는 다른 사람에게 레고를 건네주거나 함께 조립하며 자연스럽게 소통하지만, 비대면에서는 그런 순간이 사라진다. 하지만 온라인을 통해서도 몰입감 높은 소통과 협업이 가능하다.

나는 온라인 워크숍을 시작하기 전에 참여자들에게 1인용으로 특별히 제작한 동일한 레고 키트를 사전 배송한다. 워크숍이 시작되면, 모두가 카메라 앞에 모여 각자의 레고 브릭을 조립하고 레고 결과물을 보여주며 설명하는 시간을 갖는다. 한 참여자가 "이 탑은 주력 상품을 나타내지만 불안정해 보이네요"라고 말했을 때, 다른 참여자가 "우리도 비슷한 문제를 겪고 있어요. 균형을 잡으려면 새로운 서비스가 필요하겠어요"라고 덧붙일 수 있다.

글로벌 팀과의 협업: 경계를 초월한 가능성

온라인 환경은 물리적 공간의 제약을 뛰어넘는다. 온라인 워크숍은 전 세계 여러 나라와 도시에서 흩어져 있는 조직의 구성원들이 동일한 방식으로 참여할 수 있는 기회를 제공한다. 전 세계에 흩어져 일하는 글로벌 팀이 온라인에서 모두 모여 워크숍을 하는 데 유용하다. 또한 레고는 전 세계 어디서나 구매 가능하다는 장점이 있다.

온라인 워크숍 참여자는 이렇게 말했다. "집에서 혼자 브릭을 조립하며 협업이 가능할지 걱정됐어요. 그런데 레고를 설명하고 피드백을 주고받으니, 우리가 같은 목표를 향해 나아가고 있다는 생각이 들었어요." 이처럼 레고® 시리어스 플레이®는 물리적 공간에 관계없이 진행할 수 있다.

온라인은 단순한 전환이 아니다

온라인 워크숍은 오프라인에서 진행했던 커리큘럼을 온라인으로만 변경하는 작업이 아니다. 온라인 환경에 맞게 교육 설계를 주제 제시부터 공유 방식, 시간 배분까지 새롭게 설계해야 한다. 오프라인에서는 사람과 사람 사이에 흐르는 무언의 리듬이 있고 눈빛, 고개 끄덕임, 손짓, 침묵의 공기까지 흐름이 된다. 하지만 온라인에서는 그 리듬이 없다. 그래서 퍼실리테이터는 '자연스럽게 생기던 것'을 대신 설계해야 한다.

온라인 워크숍을 시작하기 전에 스스로에게 묻는 질문들
- 참여자들이 '함께 있다'고 느끼게 하려면 어떤 장치를 넣어야 할까?
- 서로 레고 모델에 대해 설명하는 방식을 텍스트로 할 것인가, 이미지로 할 것인가?
- 집중의 리듬을 유지하기 위해 활동 단위를 몇 분 단위로 나눌 것인가?
- 기술적 문제가 생겼을 때 대체 흐름은 준비되어 있는가?

온라인 환경에서 LSP를 설계할 때

① 워크숍 기획의 포인트
- 각 참여자에게 1인용 키트를 워크숍 전에 사전 배송한다.
- 워크숍 전에 '온라인에서는 이런 방식으로 참여한다'는 가이드를 명확히 공유한다.
- 온라인에서는 '몰입 설계'보다 '불편 해소 설계'가 먼저다. 참여자가 장비, 조작, 역할을 불안해하지 않도록 안내한다.

② 사진으로 레고 모델 공유하기
온라인에서 각자 따로 레고를 만들다 보면 함께 작업하는 느낌이 줄어들 수 있다. 이때 사진을 통해 서로의 모델을 공유하는 시간은 공동 작업의 분위기를 살려주는 중요한 보조 역할을 한다. 또 각자

만든 모델을 사진으로 남기는 활동 자체도 개인의 생각과 창작 과정을 기록하는 의미 있는 경험이 된다.

각자 만든 레고 사진 찍기 → 사진과 함께 간단한 설명을 넣도록 가이드

③ 리듬 설계: 몰입과 쉬는 흐름을 교차하기

온라인은 쉽게 피로해진다.
- 15분 모델링 → 5분 휴식
- 3명 발표 → 채팅 리액션

움직임이 끊기지 않도록 모델링, 발표, 활동과 같은 작은 루프를 반복시키고 적절한 타이밍에 온라인을 벗어나 쉴 수 있는 시간을 마련한다.

④ 감정 교환을 위한 장치 만들기

- 사진과 채팅을 할 수 있는 패들렛, 카카오톡과 같은 협업 도구를 줌과 같은 회의 도구의 보조적인 용도로 활용한다. '말' 대신 '눈으로 보는' 소통을 설계한다.
- 예: 각자의 모델에 이름 붙이기 → 슬라이드로 함께 보기
- 예: 인사이트를 채팅방에 키워드로 적기 → 즉석에서 요약해서 연결해주기

온라인 워크숍에서는 "비언어적 감정 공유"를 설계해야 한다.

온라인 퍼실리테이터의 역할

오프라인 퍼실리테이터는 공간과 사람 사이의 리듬을 읽는다. 온라인 퍼실리테이터는 시간, 화면, 텍스트 안에서 리듬을 만든다.

- 발표를 길게 끌지 않는다.
- 활동 전환을 매끄럽게 연결한다. ("이제 카메라에 모델을 비춰주세요.")
- 참여자들의 반응을 언어뿐 아니라 이모지, 채팅, 작은 움직임으로 읽는다.

"말이 적다고 참여가 없는 게 아니다." 온라인에서는 리액션의 형태가 다를 뿐이다. 나는 온라인 레고 워크숍에서, 참여자들이 의외로 깊게 몰입하는 모습을 자주 본다. 조용히 모델을 만들고, 카메라에 비추고, 짧게 키워드만 채팅으로 남기는 온라인 환경에서도 각자의 머릿속에는 더 깊은 생각이 흐르고, 흐름이 더 촘촘할 때도 있다.

AI와 함께 교육설계,
질문설계까지 업그레이드하기

퍼실리테이터의 감각을 확장하는 새로운 도구

AI는 참여자와 호흡하며 이끌어야 하는 퍼실리테이터를 대체하지 않는다. 하지만 퍼실리테이터의 감각과 사고를 확장하는 도구가 될 수 있다. 교육 흐름을 설계할 때, 질문을 다듬을 때, 워크숍 구조를 시뮬레이션할 때, AI는 넥스트 레벨로 가는 문을 열어준다.

AI를 활용할 때 생각해야 할 기본 원칙

- AI는 방향을 제시하지 않는다. 방향은 퍼실리테이터가 정한다. AI는 다만 그 방향 안에서 다양한 가능성을 펼쳐보일 뿐이다.
- AI는 워크숍에 딱 맞는 질문을 고정값으로 자동화할 수 없다. 질문은 상황, 참여자, 공간의 맥락을 읽어야 제대로 된 게 나온다. AI는 질문 설계를 위한 초안을 줄 수 있지만, 마지막 조율은 퍼실리테이터의 몫이다.
- AI는 '보조 감각'이다. 주도권을 넘기지 말고, 감각을 보완하는 수준에서 사용한다.

AI가 도와줄 수 있는 것들

1. 질문 구조를 다양화할 때
- 같은 주제에 대해 다른 레벨의 질문을 만들고 싶을 때
- 사고를 넓히거나 좁히는 다양한 질문 흐름을 설계할 때
- 확장형 예시 질문: "이 이슈를 다른 관점에서 본다면?"
- 수렴형 예시 질문: "핵심 문제를 하나로 정리하면?"

AI는 퍼실리테이터가 떠올리지 못한 질문 틀을 열어주는 보조 브레인 역할을 할 수 있다.

2. 워크숍 흐름을 시뮬레이션할 때
- 활동 순서를 바꿔봤을 때 예상되는 흐름을 상상해볼 때
- 참여자 리소스나 시간을 달리했을 때 플로우를 테스트할 때

AI를 이용해 "이 흐름이 3시간일 때와 6시간일 때, 참여자의 몰입곡선이 어떻게 달라질까?"를 가볍게 시뮬레이션해볼 수 있다.

3. 다양한 사례와 참고 아이디어를 빠르게 찾을 때
- 특정 주제에 대한 다양한 관점이나 참고 사례를 빠르게 리서치할 때
- 예를 들면: "온라인 워크숍에서 팀 다이내믹을 높이는 방법

5가지"

이때도 중요한 건, AI가 주는 리스트를 그대로 쓰는 게 아니라, 그 안에서 나의 워크숍에 맞는 것을 선별하고 조율하는 것이다.

AI를 활용할 때 퍼실리테이터가 잊지 말아야 할 것을 기억하자. 모델링, 대화, 질문은 결국 사람을 위한 것이다. AI가 설계한 흐름이 아니라, 참여자의 눈빛과 손짓을 읽는 퍼실리테이터의 감각이 마지막 결정권을 가진다. AI는 빠르게 아이디어를 줄 수 있지만, 맥락을 읽는 능력은 퍼실리테이터의 몫이다. 퍼실리테이터는 '빨리 더 많은 걸 만들어내는 사람'이 아니라, '느리게라도 맥락에 맞게 설계하는 사람'이어야 한다.

AI는 퍼실리테이터의 역할을 위협하는 것이 아니다. 오히려 퍼실리테이터가 더 정교한 설계를 할 수 있도록 도와주는 새로운 도구다. 그리고 도구가 아니라 흐름을 설계하는 사람, 정답이 아니라 가능성을 여는 사람은 여전히 퍼실리테이터다.

에필로그

　이 책은 레고® 시리어스 플레이®를 활용해 워크숍을 설계하고 운영하는 방법을 정리한 책이다. 그보다 더 중요하게 다루고 싶었던 것은 퍼실리테이터로서 흐름을 읽고, 상황에 맞게 설계하는 감각이다. 워크숍은 매번 다르고, 참여자도, 흐름도 다르다. 퍼실리테이터는 변화되는 흐름을 읽고, 작은 변화를 설계해가는 사람이다.

　이 책을 읽은 독자들이 자신만의 워크숍을 설계하고, 퍼실리테이터 강점을 발견해서 자신의 호흡과 에너지 리듬에 맞는 워크숍을 이끌어갈 수 있기를 바란다. 이제 퍼실리테이터로서 워크숍을 시작할 사람은 바로 당신이다. 복잡하게 생각하지 않아도 된다.

　2시간 레고® 시리어스 플레이® 워크숍을 시작해보면 어느 순간, 참여자의 반응 속에서, 레고 결과물 속에서, 당신만의 퍼실리테이션이 보이기 시작할 것이다. 그 시도를 기대하고 응원한다. 당신 앞에 놓일 다음 워크숍이 처음이더라도, 두 번째이더라도, 충분히 의미 있는 시간이 되기를 바란다.

팀플레이: 진짜 팀워크를 위한 레고® 시리어스 플레이® 메소드

초판 1쇄 발행 2025년 9월 30일

지은이 온은주

편집 윤소연
내지 디자인 공홍
표지 디자인 박은진

마케팅 총괄 임동건
마케팅 안보라
경영지원 임정혁, 이지원

펴낸곳 플랜비디자인 | **펴낸이** 최익성

출판등록 제2016-000001호
주소 경기도 화성시 동탄첨단산업1로 27 동탄IX타워 A동 3210호
전화 031-8050-0508 | **팩스** 02-2179-8994
이메일 planbdesigncompany@gmail.com | **인스타** @planb_designcompany

ISBN 979-11-6832-209-7 (03320)

- 이 책 내용의 일부 또는 전부를 재사용하려면 반드시 저작권자와 플랜비디자인 양측의 동의를 받아야 합니다.
- 책값은 뒤표지에 있습니다.